QUEBREI

Guia Politicamente Incorreto do Empreendedorismo

Leonardo de Matos

QUEBREI

Guia Politicamente Incorreto do Empreendedorismo

ALTA BOOKS
E D I T O R A
Rio de Janeiro, 2014

Quebrei — Guia Politicamente Incorreto do Empreendedorismo.

Copyright © 2014 da Starlin Alta Editora e Consultoria Eireli. ISBN: 978-85-7608-867-7

Todos os direitos reservados e protegidos por Lei. Nenhuma parte deste livro, sem autorização prévia por escrito da editora, poderá ser reproduzida ou transmitida.

A editora não se responsabiliza pelo conteúdo do texto formulado exclusivamente pelo autor.

Erratas e arquivos de apoio: No site da editora relatamos, com a devida correção, qualquer erro encontrado em nossos livros bem como disponibilizamos arquivos de apoio se aplicável ao livro. Acesse o site www.altabooks.com.br e procure pelo título do livro desejado para ter acesso as erratas e/ou arquivos de apoio.

Marcas Registradas: Todos os termos mencionados e reconhecidos como Marca Registrada e/ou Comercial são de responsabilidade de seus proprietários. A Editora informa não estar associada a nenhum produto e/ou fornecedor apresentado no livro.

Impresso no Brasil — 1ª Reimpressão, novembro de 2014

Produção Editorial Editora Alta Books	Supervisão Gráfica Angel Cabeza	Design Editorial Aurélio Corrêa Auleriano Messias	Captação e Contratação de Obras Nacionais Cristiane Santos	Vendas Atacado e Varejo Daniele Fonseca Viviane Paiva
Gerência Editorial Anderson Vieira	Supervisão de Qualidade Editorial Sergio Luiz de Souza		J. A. Rugeri Marco Pace autoria@altabooks.com.br	comercial@altabooks.com.br **Marketing e Promoção** marketing@altabooks.com.br
Editoria Nacional Letícia Vitoria de Souza Livia Brazil Milena Lepsch Thiê Alves	Supervisão de Texto Jaciara Lima			Ouvidoria ouvidoria@altabooks.com.br
Equipe Editorial	Claudia Braga Eduarda Girard Hannah Carriello	Karolina Lima Marcelo Vieira Mayara Coelho	Milena Souza Natália Gonçalves	Raquel Ferreira Rodrigo Araujo
Revisão Gramatical Silvia Parmegiani	Diagramação Lucia Quaresma	Layout e Capa Aurélio Corrêa		

Dados Internacionais de Catalogação na Publicação (CIP)

M236q   Malacrida, Leonardo de Matos.
        Quebrei : guia politicamente incorreto do empreendedorismo /
        Leonardo de Matos Malacrida. – Rio de Janeiro, RJ : Alta Books,
        2014.
        144 p. ; 21 cm.

        ISBN 978-85-7608-867-7

        1. Empreendedorismo. 2. Administração de empresas. 3.
        Negócios. I. Título.
                                                    CDU 658.012.29
                                                    CDD 658.42

Índice para catálogo sistemático:
1. Empreendedorismo   658.012.29

(Bibliotecária responsável: Sabrina Leal Araujo – CRB 10/1507)

Rua Viúva Cláudio, 291 - Bairro Industrial do Jacaré
CEP: 20970-031 - Rio de Janeiro
Tels.: 21 3278-8069/8419 Fax: 21 3277-1253
www.altabooks.com.br - e-mail: altabooks@altabooks.com.br
www.facebook.com/altabooks - www.twitter.com/alta_books

Dedico este livro ao regime de separação total de bens, que permitiu que eu continuasse, mesmo quebrado, casado com o grande amor da minha vida.

SUMÁRIO

APRESENTAÇÃO DO AUTOR ix

INTRODUÇÃO xv

PARTE I — COMO EU QUEBREI

Capítulo 1: NÃO TEM COMO DAR ERRADO 3

Capítulo 2: EU NÃO POSSO PARAR AGORA 11

Capítulo 3: ATÉ QUE ENFIM, QUEBREI 17

Capítulo 4: COMEÇAR DE NOVO 29

PARTE II — AS ARMADILHAS DO EMPREENDEDORISMO

Capítulo 5: EMPREENDER É MUITO PERIGOSO 35

Capítulo 6: OS RISCOS DE EMPREENDER 51

Capítulo 7: BANCOS E DÍVIDAS 57

Capítulo 8: IMPOSTOS, BUROCRACIA, GOVERNO E A
SITUAÇÃO DO MERCADO 63

Capítulo 9: SOCIEDADE 69

Capítulo 10: O CLIENTE, O FUNCIONÁRIO, O FORNECEDOR
E O PRESTADOR DE SERVIÇO 79

PARTE III — EMPREENDER NEM SEMPRE VALE A PENA

Capítulo 11: A ILUSÃO DE EMPREENDER 91

Capítulo 12: AS CONSEQUÊNCIAS DE QUEBRAR 97

Capítulo 13: CAPACIDADE EMPREENDEDORA 105

Capítulo 14: AFINAL, QUAL O PROBLEMA DE SER
FUNCIONÁRIO? 111

CONCLUSÃO 117

ÍNDICE 123

APRESENTAÇÃO DO AUTOR

Minha história no empreendedorismo

Minha história encaixa-se no aforismo "avô rico, filho nobre, neto pobre"; eu, infelizmente, sou o neto.

Comecei a me interessar por negócios em meados dos anos 1980, quando eu tinha oito anos de idade e morava no interior de São Paulo. Estavam na moda na capital, adesivos para relógios, que um primo de lá trazia sempre que vinha nos visitar, e eu comecei a vendê-los para meus colegas e amigos da escola. Quem não tinha relógio, eu incentivava a comprar um, justamente, para usarem o adesivo. Também vendia borrachas com cheiro, que meus avós traziam das viagens para o exterior. Aos onze anos, por iniciativa minha e de um outro primo de mesma idade, começamos a vender limões lavados e embalados na vizinhança, durante as nossas férias.

Meu avô, por quem tenho imenso carinho e afeto, era dono de um grupo de empresas, constituído por um hotel, uma grande loja de tecidos e confecções (foi lá, que, desde menininho, trabalhei empacotando e embrulhando mercadorias), uma loja de sapatos e um restaurante, além de sítios e imóveis. Em 1989, ele pediu falência e liquidou tudo, restando apenas os fundos de comércios, pois os imóveis foram usados para pagar as dívidas. O que sobrou foi repartido dentre três das quatro filhas, e um sobrinho, com a condição de que assumiriam as dívidas e encargos, inclusive em relação aos funcionários antigos. Eu tinha, então, 14 anos. Meus pais herdaram o fundo de comércio do hotel com muitas dívidas, uma montanha de impostos atrasados e funcionários com mais de vinte anos de serviço.

Dos meus 14 aos 16 anos, trabalhei com o meu pai, no hotel, diariamente meio período, como recepcionista. Em 1992, ele faleceu e minha mãe me propôs a administração da empresa. Ela era professora e nunca abandonaria o magistério para administrar um negócio, pois nasceu para lecionar e é Mestre em Sociologia. Aceitei, pois desde muito novo queria ser empresário. Então, saí do colégio particular onde estudava e passei a frequentar uma escola pública, no período da noite, para poder tocar a empresa.

Mudei também a forma de me vestir, passei a usar calça e camisa para dentro, com cinto e sapato social, para aparentar mais idade e ser respeitado. Eu era um velho com 16 anos e posso dizer que o hotel suportou uma péssima administração por algum tempo. Ainda não estava preparado para comandar uma empresa sozinho. Trabalhei dez anos no hotel, exclusivamente, o movimento era fraco, apenas cobria as despesas do negócio e as de casa, enquanto pagávamos as dívidas antigas que havíamos parcelado. Durante aquela década, cursei um ano de faculdade de Administração, depois, um ano de comércio exterior e, por fim, me bacharelei em Direito.

Sinceramente, nunca planejei seguir uma profissão liberal, apesar de ter sido educado para isso, já que lá em casa, não tínhamos a cultura empreendedora por parte da minha mãe, que deixava o empreendedorismo como uma opção solitária, principalmente depois da experiência frustrante pela qual meu pai havia passado. Toda a minha experiência resumia-se em vender limão de porta em porta, empacotar presentes e carregar malas no hotel.

Aos 18 anos, inventei de trabalhar com compra e venda de carro; lá fui eu ser marreteiro e, é óbvio, me dei mal em todas as compras e em todas as vendas. Esta estória é boa. Houve uma situação bastante cômica quando comprei um carro cinza, muito bonito, mas quando fui revender, o comprador me disse que o carro havia sido pintado inteirinho. Daí, fui atrás do vendedor para ver se era verdade. O automóvel havia caído do caminhão cegonha que o transportava. Foi meu primeiro prejuízo sério.

Inevitavelmente, a vontade de empreender me perseguia. Eu sonhava em ter um negócio só meu, criado por mim, fruto de uma luta pessoal, pois sempre pensei em conseguir fazer um negócio acontecer, como se eu quisesse mostrar para mim mesmo que era possível começar com pouco e fazer muito. Sei que todo homem tem o desejo de se fazer, de se realizar profissionalmente, de ser marcado pela conquista de seu território e de não ser, erroneamente, rotulado de herdeiro. Parti, então, em busca desse sonho de conquistar meu espaço sozinho. Assim que me formei em Direito, resolvi montar uma lavanderia. A ideia era boa, como são boas todas as ideias do mundo, porém, após um ano, fiz as contas e meu lucro anual havia sido 100 reais. Parei.

Em seguida, comecei a ajudar o meu sogro a vender seguro. A ideia tinha potencial, entretanto, percebi logo, que não era um ramo no qual eu me realizaria. Agradeci a oportunidade e parti para outra. Eu havia patenteado a invenção de uma bomba de combustível que seria transformada em bomba de chope, então, ofereci a solução para as grandes cervejarias e também para as pequenas. Somente uma cervejaria se interessou, porém as negociações não se concluíram, por falta de habilidade minha em negociar.

Na sequência, inventei um novo projeto. Tratava-se do Cafofo, um estabelecimento parecido com um motel, porém em vez de quartos comuns, os aposentos seriam temáticos: um seria uma oficina mecânica, outro, um barco na água, outro, um avião, outro, um celeiro, e assim por diante. Enviei o projeto para grandes jovens empresários, como Luciano Huck, Alexandre Acioli, Oscar Maroni e João Paulo Diniz. Nenhum interessado surgiu, mas alguns motéis copiaram a minha ideia. Resolvi fazer alguma coisa mais concreta e, foi aí que pensei em criar uma marca de roupa, uma confecção. Aproveitei o nome Cafofo e me embrenhei no novo ramo. Lamentavelmente, nem tudo são flores, muito menos agulhas, linhas e tecidos.

PESQUISAS QUE FIZ:

Antes de montar a confecção, visitei uma fábrica da área e o dono passou três horas comigo, mostrando seu processo de produção e o que eu tinha que fazer para montar o meu negócio. Explicou-me sobre tipos de tecidos e sugeriu como eu deveria trabalhar. Anotei tudo:

O QUE LI SOBRE NEGÓCIOS:

- Artigos
- Matérias
- Sites
- Blogs
- Folha de São Paulo
- Estadão
- Revista Pequenas empresas & Grandes Negócios
- Época Negócios
- Exame PME (Pequenas e Médias Empresas)
- Exame
- Isto É Dinheiro

LIVROS:

- O barão de Mauá, o empreendedor — G. Maringoni
- A arte da previsão -Planejando o Futuro em um mundo de incertezas — Peter Scwartz
- Pai rico, pai pobre — Robert T. Kiyosaki/ Sharon Lechter
- Os segredos da mente milionária — T. Harv Eker
- O monge e o executivo — James C. Hunter
- Previsivelmente irracional — Dan Ariely
- O capitalismo na encruzilhada — Stuart L. Hart
- Super Freakonomics — Steven D. Levitt/ Stephen J. Dubner
- Freakonomics — Steven D. Levitt/ Stephen J. Dubner
- 3 minutos para o sucesso — Ricardo Bellino

APRESENTAÇÃO DO AUTOR | XIII

- Quem mexeu no meu queijo? — Spencer Johnson, MD
- Uma aula com Drucker — William Cohen
- Empresas feitas para vencer — Jim Collins
- Feitas para durar — James Collins e Jerry I. Porras
- O príncipe — Nicolau Maquiavel
- A arte da guerra — Sun Tzu
- A estratégia do oceano azul — Como criar novos mercados e tornar a concorrência irrelevante — W. Chan Kim e Renée Mauborgne
- Os sete hábitos das pessoas altamente eficazes — Stephen R. Covey
- O diário de negócios de Maslow — Abraham H. Maslow

Estas são apenas algumas leituras, pois não selecionei aqui, os livros de literatura por não serem pertinentes à proposta desta obra, apesar da literatura sempre trazer lições preciosas para a vida. Procure criar o hábito de leitura em você e em seus filhos. Quem segue os caminhos literários, jamais se perderá. Não confunda os clássicos com outros grupos de livros, eu disse literatura, entretanto, todo tipo de leitura é válida de alguma forma, se o leitor não tiver mente de autoenganação.

CURSOS QUE FIZ:

- Um ano de graduação em Administração
- Um ano de graduação em Comércio Exterior
- Graduação em Direito
- Empretec
- *Workshops* de moda
- Cursos específicos de moda
- Palestras da Associação Comercial e da Fiesp

INFLUÊNCIAS QUE TIVE:

- Parentes empresários
- Amigos empresários
- Grandes empresários de sucesso, como o Sr. Waldemar de Oliveira Verdi (Grupo Verdi).

Frase de inspiração: O covarde nunca tenta, o fracassado nunca termina e o vencedor nunca desiste. (Norman Vincent Peale)

Frase atual: Perdi muito tempo para descobrir que tudo leva tempo. (Autoria Pessoal)

CONTATOS DO AUTOR:

E-mail: leonardodematos@uol.com.br

Site: www.armadilhasdoempreendedorismo.com

Facebook: www.facebook.com/armadilhasdoempreendedorismo

Twitter: www.twitter.com/armadilhasdoemp

YouTube: www.youtube.com/armadilhasarmadilhas

Minha história não é a de um em um milhão;
é a de um milhão em um.

Um milhão em dívidas.

INTRODUÇÃO

Bem-vindo, caríssimo leitor! Entre e fique à vontade. Espero que você goste e se emocione juntamente comigo. Incomode-se, deliberadamente. Repare nas entrelinhas e sinta o drama de alguém que sonhou, lutou, persistiu, confundiu teimosia com determinação e teve todos os seus sonhos evaporados. Foi preciso muita coragem e dedicação para que este livro chegasse às suas mãos.

Posso comprometer o meu futuro, talvez perder uma vaga de emprego ou, até magoar um amigo, ao registrar aqui minhas fraquezas. Porém, sofri tanto e descobri tanta coisa que, se eu não compartilhasse com você, não estaria sendo justo comigo mesmo nem com os meus princípios. Você, certamente, precisa dessa dose de verdade, assim como eu precisei dela e não a tive quando comecei a empreender de verdade, há nove anos, pois empresário eu já sou, faz mais de vinte anos.

Quero lhe contar aonde fui parar, com um saldo de 6 mil reais positivo e como o sonho de empreender me renderam 1 milhão de reais negativos, em uma década de euforia, tristeza, angústia e trabalho perdido. Tenho como objetivo principal evitar que você passe pelo mesmo que passei, ao pensar que eu empreendia. Peço que reflita e veja que as coisas não são, exatamente, aquilo que parecem ser e a maioria delas está muito distante do que acontece na vida real. Não acredite em fórmulas prontas para empreender; elas não existem nem para a vida e, muito menos, para a opção de ser empreendedor.

Este livro não é sobre as exceções, é sobre a regra. Sei que estou nadando contra uma correnteza cada vez mais forte, que é a ânsia do brasileiro de empreender e que se torna mais perigosa a cada dia. Diga-me lá: quem na vida não tem um parente, amigo ou conhecido que já perdeu tudo empreendendo? A menos que você more em Marte, é estatisticamente impossível a resposta ser ninguém.

Um guia politicamente incorreto das teorias do empreendedorismo

Posso dizer que serei politicamente correto com você, leitor. Afinal, meu compromisso é com você e acredito que ser politicamente correto é posicionar-se contra tudo o que está estabelecido e não funciona. Aqui, eu desconstruo o estabelecido e reconstruo com base na realidade. Este livro não é de autoajuda, porque não acredito mais em autoajuda. Acredito, sim, na verdade. Eu creio na vida real do dia a dia e é isso que transmito aqui, neste livro escrito especialmente para você, candidato a empreendedor, empreendedor individual, micro e pequeno empreendedor. E para você, entusiasta do empreendedorismo e a todos que estejam interessados em se aprofundar nessa matéria.

Pretendo aprofundar-me em temas que não são abordados, efetiva e constantemente, nas mídias, livros, cursos, seminários, palestras, faculdades, universidades e MBAs (Mestre em Administração de Negócios, em português). Faço isso com a propriedade de quem sofreu a desventura de quebrar uma empresa, e faço minhas observações a partir do olho do furacão, pois enquanto eu despencava em queda livre, estava consciente e com os meus cinco sentidos ligados em tudo o que passava por mim e parecia sumir, na escuridão do firmamento.

Na verdade, este livro contém todas as anotações que fiz no decorrer da última década, quando fui efetivamente um empreendedor. De início era para ser apenas mais um livro de sucesso, mas foi se tornando o único livro no Brasil a contar a realidade nua e crua de como é empreender de verdade. Minhas pesquisas foram pessoais e basearam-se no que li, como livros, revistas, jornais, *sites*, reportagens, pesquisas e artigos científicos, palestras, *workshops* e conversas informais com empreendedores, empresários e funcionários.

Trago também, a intensidade emotiva da minha experiência pessoal acerca do que é empreender e, propositalmente, enfatizo o aspecto negativo de cada experiência, apontando as omissões, os enganos e os erros comuns a que todos estamos sujeitos. O que segue é uma parte significativa da minha vida como empreendedor e, sobretudo, como tal experiência pôde ser tão traumática e frustrante, a ponto de causar danos irreparáveis em mim e em todos que me cercam.

Digo que empreender é como remédio tarja preta,
porém não é preciso receita para consegui-lo e por isso é
ainda mais perigoso.

Teoricamente, qualquer um pode empreender, então, aqui vai a bula do empreendedorismo, com todas as suas contraindicações e seus efeitos colaterais irreversíveis aos quais você está exposto. Cuidado! Empreender nem sempre vale a pena, ou melhor, quase nunca vale. Eu não tenho a fantasia de que você sofra uma metamorfose depois de ler este livro.

Espero apenas, que mude um pouco. Afinal, cada um faz o que dá conta, como diz Abraham Maslow, e, com a qual passo para o nosso primeiro capítulo: "Todo homem deve ser o que pode ser." (*O Diário de Negócios de Maslow, p.1*).

Um músico deve compor, um artista deve pintar, um poeta deve escrever, caso pretendam deixar seu coração em paz. O que um homem pode ser, ele deve ser. A essa necessidade podemos dar o nome de autorrealização. Refere-se ao desejo do homem de autopreenchimento, isto é, à tendência que ele apresenta de se tornar, em realidade, o que já é em potencial; tornar-se tudo aquilo que uma pessoa é capaz.

PARTE I

COMO EU QUEBREI

CAPÍTULO 1

NÃO TEM COMO DAR ERRADO

Eu disse para mim mesmo e para todos: NÃO TEM COMO DAR ERRADO. Convenci-me disso. Comecei como empresário no ramo de confecção com economizados 6 mil reais. Então, comecei a trabalhar quase do jeito certo, pagando à vista e sem crédito nos bancos ou com fornecedores. Apenas fazia a operação do desconto de cheques com a minha sogra para poder pagar os fornecedores que exigem, pelo menos, dois anos de firma aberta para darem crédito. Também descontava cheques com um funcionário do hotel que, inclusive, na mesma época, comprou sua primeira casa à vista, façanha que eu, como patrão, até hoje não consegui realizar. Mérito dele.

Restava-me ainda uma dívida antiga com um parente, que eu já havia feito um consórcio para quitá-la. Terminei o pagamento das parcelas, resgatei o dinheiro e paguei o meu credor no fim desse mesmo ano de 2003, quando iniciei a confecção. Sem planejamento algum, somente com a cara e a coragem, abri a empresa sozinho. Eu comprava matéria-prima, a produção eu terceirizava; eu mesmo embalava, vendia, separava e entregava.

Tudo parecia progredir, pois naquela época eu comprava somente o que podia. Entretanto, faço uma ressalva importante. Eu era solteiro e, apesar de namorar, ainda morava com a minha mãe e minha empresa ficava no porão do hotel, por isso não pagava aluguel e minha despesa fixa era bastante baixa. Além disso, não tinha uma casa para sustentar. Lamentavelmente, vocês verão mais adiante que logo eu iria me esquecer desse fato "tão pouco importante".

Minha confecção era de moda masculina e, para mim, o processo parecia bastante simples, pois eu não tinha nenhum funcionário e nem dinheiro investido em maquinário e terceirizava toda a produção. Assim, não tinha ideia de como era a indústria da transformação que consistia em reunir um conjunto de matérias-primas e transformá-lo em produto final.

A indústria da moda é muito dinâmica e é possível trabalhar na categoria preço, produto ou marca. Escolhi o produto. Em preço, você briga para conseguir o mais baixo, e faz o seu melhor para ganhar desconto de centavos; além disso, o volume de mercadoria tem que ser grande. Em marca, é preciso investir grandes somas em marketing para torná-la conhecida, e isso pode levar anos e muito trabalho. Em produto, escolhi uma categoria em que eu trabalhava com um preço médio, qualidade e informação de moda. Assim, o meu negócio prosperou e, ao final do terceiro ano, comecei a ver dinheiro sobrando.

Fiquei deslumbrado, passei a acreditar que tudo era possível e fácil. A gente esquece o que passou para chegar lá, não é mesmo? Enfim, 2005 foi um ano de progresso, a coisa ia bem. No começo de 2006, me casei, com separação parcial de bens, o regime que é mais comum no Brasil e, assim, minha esposa tornou-se também minha sócia. Nos mudamos para uma cidade maior, São José do Rio Preto (SP) alugamos uma casa, onde também funcionava a empresa e, então cometemos um erro memorável: morar onde se trabalha.

Com dinheiro em caixa, meu e da minha esposa, resolvemos expandir o negócio; contratamos um estilista de renome e, da noite para o dia, tínhamos 16 funcionários, assistente não sei do quê, modelista não sei do que lá e, rapidamente, no verão daquele ano, já tínhamos 19 representantes comerciais e vendíamos em 24 estados do Brasil. Aquele ano foi uma loucura! Na ânsia de crescer, cometemos vários deslizes, como atender às vontades dos funcionários e não às necessidades da empresa. Hoje, sei que é muito melhor ser um bom empregador que um bom patrão.

Na garagem da casa, onde instalamos a empresa, montei a minha primeira loja de varejo. Vendíamos somente roupas infantis sob o nome de *Cafofinho*. Dentro dos nove anos que empreendi, foi aquele o único que tínhamos capital de giro. É tranquilizador, pois com as finanças em ordem pode-se dedicar mais tempo às outras áreas. Porém, acredito não ter feito isso, visto que sem perceber o dinheirinho suado estava indo embora e acreditávamos que estava sendo investido na empresa.

Entretanto, no final daquele ano muito louco, minha esposa e eu tínhamos um casamento desgastado, não soubemos separar os assuntos profissionais dos pessoais. Além de trabalharmos juntos, mesmo não executando as mesmas funções, discutíamos e brigávamos por questões e problemas da empresa. Ambos ficamos esgotados de tanto trabalhar e eu, imagino que ela também, não suportava mais tanta pressão. Nos vimos confinados sem nenhuma perspectiva de futuro. Nos perdemos no que deveria ser, de fato, um relacionamento. Na verdade, hoje sei, não soubemos administrar nossos papéis.

Em meio à crise, minha esposa, que também é formada em Direito, deixou a empresa e foi fazer cursinho preparatório para conseguir sua licença na Ordem dos Advogados do Brasil (OAB). Ela estava estudando, indo bem; nos acalmamos, recobramos a harmonia do relacionamento e voltamos a trabalhar juntos. Na mesma época, minha irmã também veio trabalhar comigo, enquanto cursava um MBA em marketing. Outro enrosco, gênios idênticos não se atraem.

Logo, dezembro chegou e as vendas não correspondiam à realidade dos investimentos, porque naquele verão investimos em um mostruário do inverno seguinte. Além da dificuldade financeira, enfrentei sérios problemas emocionais, pois o pior daquele ano ainda estava por vir; meu avô faleceu e pensei em largar tudo e voltar para perto da minha mãe. Contudo, clientes e fornecedores me convenceram a continuar. Foi um final de ano terrível e outra tragédia aconteceu: o estilista da minha empresa também faleceu. Que baque!

Entrei em depressão, emagreci e envelheci. Sentia-me um nada em meio à confusão, eu realmente não sabia o que fazer. Aos trancos e barrancos a vida continuava, mas arrastava-se, de muleta. A minha sensação era de completo fracasso; além de perder todo o meu dinheiro, perdi também as economias da minha esposa que, até então, era minha sócia, um total de mais de 300 mil reais. Portanto, eu tinha mais esse peso para carregar.

O complicado é a confusão e o engano gerados pelo grande movimento financeiro e zero no bolso ao final de cada mês. Era muita ignorância. A situação agravava-se a cada dia, pois eu trabalhava de dez a doze horas, seis dias por semana e, no domingo, a preocupação me consumia. Como desgraça pouca é bobagem, fui forçado a pegar meu primeiro empréstimo específico para fazer girar a confecção, com um parente.

A coleção estava pronta, despachei a mercadoria para os representantes que, a essa altura, começavam a perder a confiança em minha empresa, devido aos últimos acontecimentos. Perdi quatro representantes, mas continuamos, porque atrás vinha o concorrente. Busquei estilistas conhecidos, todos muito caros e indisponíveis. Minha solução foi contratar um freelancer para tocar a bola pra frente.

Nesse ínterim, minha esposa e eu tomamos a melhor decisão de nossas vidas até hoje. Como nos amamos muito decidimos, então, mudar o nosso regime de casamento, de comunhão parcial para separação total de bens; o que era dela seria somente dela e, o que era meu, somente meu (e dos bancos), sem misturar mais o assunto dinheiro com o nosso relacionamento. Ela saiu da sociedade e eu prossegui sozinho, com a minha mãe tendo 1% da empresa, pois naquela época a legislação obrigava sociedades limitadas a terem sócios, absurdo que foi sanado em 2012, com a possibilidade legal de se abrir uma empresa sem sócio.

No final do inverno, resolvi tentar uma loja de atacado e fiz um financiamento total para montá-la. O estoque era altíssimo, aproximadamente 10 mil peças, e minha produção precisava continuar, porque moda exige novidade sempre. Como situação não estava boa, no final daquele mesmo ano, o quinto com a confecção, tentei em vão arrumar um sócio, mas ninguém chuta galinha morta, então, resolvi vender a marca e sair do ramo.

Preparei-me, busquei compradores, ofereci para mais de 180 empresas e consegui um único interessado que me ofereceu um terço do que eu pedia. Muito frustrado, fui forçado a considerar e a perder o amor por aquilo que eu construíra. Naquele momento, um tio ofereceu-me dinheiro para eu não precisar encerrar as atividades enquanto não efetivava a venda. Entretanto, expliquei a ele que meu problema não era apenas dinheiro, mas também o fato de não estar em condições emocionais de tocar uma empresa naquele momento.

Antes de extinguir a marca *Cafofo* completamente, mantive alguns funcionários por uns meses, até que eles arrumassem outro emprego, afinal, eu era responsável por eles. Minha dívida já ultrapassava 200 mil reais. Consegui vender a marca por 60 mil e a loja de atacado que eu havia montado em Maringá, por 25 mil. Vendi todo o estoque por um valor baixíssimo e o resto da dívida paguei com as poucas economias da minha mãe; e ainda resgatei tudo o que eu tinha no meu plano de previdência privada.

Enfim, paguei todo mundo, inclusive os limites de crédito nos bancos e os empréstimos. O interessante é que, ao final de toda aquela empreitada, não consegui adquirir absolutamente nenhum patrimônio, nem casa própria, nem carro pago, nem um terreninho sequer. O dinheiro havia sido todo para a empresa e as dívidas. Vivi um crescimento insustentável e as consequências vieram. Fui um sonhador.

Percebi que eu havia criado uma ilusão alimentada por capas de revistas milionárias, notícias de empresários bilionários e de livros de autoajuda, que não passam de um Titanic, prontos para nos afundar num mar de ilusões.

Vi-me absorvido em um mundo que não condizia com a realidade. Ainda assim, muito por acaso, saímos minha esposa e eu zerados desta. Outro ano começa e eu, incansável suposto empreendedor, cogito a possibilidade de voltar a trabalhar no hotel, mas meu orgulho foi maior e o sonho também. Pensei em vários tipos de negócios possíveis e, até, em arrumar um emprego, mas logo afugentei essa ideia, afinal eu era fissurado em vencer na vida. Que insanidade! Foi esse o erro do qual mais me arrependo, pois eu deveria ter realizado meu espírito empreendedor na empresa de alguém mais sensato.

Depois de três meses, decido voltar para o mesmo ramo, o de confecção. Acredito que a indústria da moda é um caso de amor que lhe dará muitas decepções, contudo também é um ramo apaixonante. Naquele momento, cometi outro erro crucial, pois em vez de vender tudo

PARTE I
COMO EU QUEBREI

e encerrar o negócio, eu deveria ter considerado, pelo menos, ter encolhido o negócio, ter ficado bem pequenininho, no fundo do quintal, onde conseguiria uma pequena renda. Eu não deveria ter parado tudo bruscamente, afinal, onde pinga, nunca seca.

Aprendi que quando você encerra um negócio completamente, levanta-se uma barreira que terá de transpor, caso decida voltar a operar. E foi exatamente o que aconteceu comigo. Descobri que recomeçar é 1001 vezes mais difícil do que começar. Apesar de toda a experiência que eu acumulara no setor de confecção, tive que recomeçar tudo. Fui atrás de fornecedores, oficinas de corte e costura, prestadores de serviços em geral, representantes de pronta entrega, etc.

Além disso, precisei refazer meu relacionamento com os bancos, retomar meu crédito e, invariavelmente, peguei dinheiro para começar o negócio. Esse recomeço foi diferente de quando iniciei no porão lá do hotel. Agora, além do muro a transpor, minhas despesas pessoais, que antes eram bastante baixas, já estavam bem infladas, pois eu pagava aluguel, prestação de carro e todas as despesas que envolvem uma casa.

Em abril de 2008, recomeço tudo outra vez. E dá-lhe trabalho, afinal, eu queria, incansavelmente, crescer novamente. Na verdade, o que sucedeu foi uma sequência de mais erros grotescos e comprometedores para uma empresa. Primeiro, descontei cheque com parente; depois, peguei dinheiro emprestado do banco, dívida esta que se acumulou, além disso, pagava fornecedores a prazo, trabalhava com limites de conta garantida e fazia descontos de cheques.

Meu terceiro movimento foi abrir outra loja de atacado em 2008, para a qual também peguei mais dinheiro emprestado e utilizei o dinheiro de uma marca que eu havia vendido, a *Lechamp*, por 10 mil reais. Desta vez, decidi entrar no ramo da moda feminina, sem nenhuma experiência anterior com esta modalidade. A loja ficou linda, mas, após três meses da abertura, tive de vendê-la, pois não acertei na coleção e eu já havia usado todos os meus recursos financeiros na ocasião da abertura.

Então, não consegui ter fôlego financeiro para consertar a coleção e continuar com a loja. Mais um vexame. Tentei novamente, em vão, arrumar outro sócio e, é claro, não tive êxito. Outra vez fiquei sem loja, parei com a moda feminina, mas desta vez continuei com a pronta-entrega de moda masculina.

Meu problema agora era a ressaca das falências, pois meus empréstimos e financiamentos bancários eram renovados a cada seis meses e, obviamente, sempre com valor maior do que o anterior. Eu era do tipo que chorava, literalmente, quando via o extrato bancário. Isso sem considerar os contorcionismos que eu tinha que fazer para cobrir conta aqui e tampar o buraco ali. Infelizmente, com mais esse fracasso eu ainda não tinha aprendido a lição e resolvi continuar. Talvez eu não tivesse sofrido o bastante e, mesmo com todo o aprendizado e sequência de bordoadas, ainda pensava em persistir.

CAPÍTULO 2

EU NÃO POSSO PARAR AGORA

Foi assim, de seis em seis meses, de empréstimo em empréstimo, até o começo de 2011, sempre dizendo para mim mesmo e para os outros: EU NÃO POSSO PARAR AGORA. Apegava-me nisto. Comecei 2011 animado, acreditando no otimismo previsto pelos economistas, analistas financeiros e pela suposta mídia especializada em negócios. Não se iluda, prezado leitor, com as previsões; acredite sempre e somente no seu potencial e no seu produto.

Imbuído de um otimismo surreal, vi surgir uma oportunidade de, talvez, sair daquela trapalhada financeira em que eu estava metido, e que já somava quase 350 mil reais. Apostei na forte tendência do xadrez para aquele inverno, que iria de março a julho de 2011 e que, mesmo com menos força, ainda seguiria no verão, de agosto a dezembro de 2011. Na terça-feira de Carnaval, viajei até um fornecedor para, quarta, logo de manhã, fazer a minha compra de tecido.

Tudo na moda é para ontem, pois se você atrasar ou adiantar uma ação, perde o *timing* e o prejuízo é sempre grande. No distribuidor, havia duas pilhas de tecidos que iam até o teto, organizadas em formato de fogueira de São João. Eu, otimista que era, disse que levaria tudo. Tal ímpeto me faz lembrar de um artigo sobre Amancio Ortega, dono da marca Zara, que li na PEGN (Pequenas Empresas, Grandes Negócios), em abril de 2013. No artigo, um amigo dele, Paulino Fernández, diz que Amancio pensava sempre tudo grande e que seu irmão, Antonio, era quem tinha que freá-lo para que ele comprasse menos tecido.

No meu caso, minha esposa sensata é quem vivia tentando me frear. Ela começou a me fazer perguntas que eu não queria responder, como: "Quem vai costurar tudo isso?", "Quem vai vender tudo isso?", "Você acha que a moda do xadrez vai até quando?". Ela sabe o quanto

PARTE I
COMO EU QUEBREI

sou otimista e meu bom acaso foi dar meios ouvidos a ela. Então, começamos a separar o tecido e, mesmo assim, comprei muito. Pedi prazo de 30, 60, 90 e 120 dias para o pagamento e voltamos para casa. No caminho, eu disse que se não vendêssemos tudo estaria arruinado de vez, pois o aumento de produção repentino acarreta várias alterações na rotina do processo.

Eu que, até então, trabalhava com malha não tinha experiência em camisaria e, portanto, corria mais risco ainda. Na sequência, fui à procura de oficinas de costura, matérias-primas e outras providências necessárias à confecção das camisas. Tive um trabalho extra em arrumar oficinas de costura de camisas, pois as máquinas que costuram malhas não servem para camisaria.

Além do mais, como se não bastassem as novidades no processo de produção, do salão de 30 metros quadrados em que eu estava, me mudei para um de 400 metros quadrados e até loja de varejo na frente eu fiz. Já estava na minha quarta loja, depois de ter fechado as três primeiras. Desta vez eu tinha certeza de ter acertado na intuição. Empreender é intuição, e intuição é munir-se de uma tonelada de informação sobre todos os assuntos que cercam o seu negócio e conseguir a proeza de selecionar e absorver somente o que o interessa para concluir seu raciocínio comercial.

Naquele inverno, vendi muito, mais do que qualquer outra coleção anterior. Eu nunca havia faturado tanto.

O sol do verão foi chegando e desembaçando as lentes da minha visão; tudo começava a ficar mais claro. Percebi que tínhamos vendido apenas as peças xadrezes, restando na prateleira um estoque imenso de polos e camisetas, bem como algumas toneladas de outras malhas. Juntamente ao xadrez, acabei fazendo camisa floral, mas essa não pegou e sobrou metade do estoque na prateleira.

Entendi o que estava acontecendo e que a minha sensação de faturamento não era real. As abundantes vendas camuflaram a realidade, e neste negócio uma coisa não compensa a outra, pois como a moda é sempre passageira, as vendas de xadrez despencaram com o final do inverno e meu faturamento caiu cinco vezes. Lamentavelmente, as dívidas já haviam sido contraídas e tinham que ser pagas.

Durante os quatro meses que se seguiram, tive que injetar dinheiro emprestado de banco-financiamento, limite do cheque especial, do cartão, totalizando quase 220 mil reais, para que eu finalmente chegasse à conclusão de que estava quebrado. Será que compensa crescer endividado, pagando juros e financiamentos? Claro que não.

Na verdade eu já vinha há tempos adiando o inevitável, afinal nenhum lucro é capaz de suportar a despesa mensal de uma dívida dessa grandeza, pois o dinheiro que, teoricamente, sobra da empresa tem que ser usado para pagar contas pessoais, o pró-labore, no caso, e, ainda, é preciso fazer sobrar para reinvestir na própria empresa. No caso de uma empresa endividada, tudo o que sobra é consumido pelos juros bancários. É, literalmente, inacreditável.

Além daquela compra de tecidos pronta-entrega, acabei exagerando nos pedidos e, no verão, bruscamente, ninguém mais queria comprar xadrez e eu ainda tinha um enorme estoque de camisas com esta padronagem, isso sem falar de uma quantidade gigantesca de tecido que não tinha sido transformado em peça. Dessa forma, mesmo tendo cancelado os pedidos de tecido que ainda não haviam sido entregues, o meu prejuízo já era bem grande.

Tudo isso ocorreu em um período de oito meses, entre fevereiro e setembro. Como desgraça pouca é bobagem, naquele ano a China despejou roupa no Brasil e nos outros países do BRIC (Brasil, Rússia, Índia e China) consequentemente, eu não conseguia competir com as roupas chinesas, pois como todo mundo sabe, com chinês não dá para competir, o preço deles é menos da metade do nosso, mesmo colocando a margem mais estreita possível. Seria um belo natal chinês; fora isso, aquela gordurinha no preço dos produtos, que é saudável para qualquer empresa, havia deixado de existir e as margens já não eram como as de 2003, quando comecei. Por comparação, em 2004, eu vendia uma camiseta polo por R$59,90 e, em 2011, eu vendia a mesma peça por R$39,90, sendo que o custo de produção hoje é bem maior. Enfim, os tempos são outros.

PARTE I
COMO EU QUEBREI

Mais uma vez, eu via a mesma história se repetir, via meus sonhos irem por água abaixo. É muito difícil ter que andar para trás, ninguém quer isso, e eu não aguentava mais passar por tal situação. Aquele sofrimento dos cinco anos anteriores tinha que ter ficado para trás e esquecido na memória. Contudo, o desespero voltava com força, e a situação parecia pior que antes, ainda mais potencializada, pois agora a dívida era muito maior, considerando o tamanho da minha empresa; eu não te ia como pagar.

Meu crédito havia acabado e eu entrei em pânico. O pior era que eu não podia contar para ninguém e, então, sofria calado e angustiado. Naquele momento, um medo indescritível me assolou e fiquei doente e caí de cama. Eu disse a todos que estava doente e fiquei em casa, por uma semana. O corpo vai pagando o preço do mau comportamento e, no meu caso, foi emagrecimento, dores nas costas, náuseas e depressão, que me acompanha desde cedo e se materializa em meu corpo em momentos como aquele. O que eu deveria fazer? Eu estava moído, e nunca havia passado pela minha cabeça a opção de quebrar completamente, de ver o meu nome sujo e de deixar de pagar os credores.

Até então, apesar das dificuldades, eu nunca havia atrasado um pagamento sequer, pois eu sempre tinha um parente ou um amigo, ou até mesmo o banco com o qual eu podia contar. Agora, a dívida era impagável, já subia para a casa de meio milhão de reais e eu não tinha nem cara e nem coragem de pedir nada mais para ninguém. Encontrando-me em um beco sem saída, pensei seriamente em contratar uma consultoria para ver se especialistas conseguiriam uma maneira de recuperar a minha empresa. Porém, desisti, pois eu não tinha dinheiro para mais nada e boas consultorias custam muito caro, isso sem falar que a maioria delas estima uma realidade muito distante daquela do microempresário do interior do estado de São Paulo. Eu já vi empresa quebrar durante consultoria chique, que tem como consultores ex-empresários.

Analisei a minha situação e entendi que nos últimos anos tudo o que eu tinha feito era mendigar. Eu trabalhava somente para pagar as dívidas que eu contraía para poder trabalhar, como um cachorro correndo atrás do rabo. Tomei consciência da dura realidade; não tinha sequer uma casa para morar e também não tinha nem um "terreninho". Nada. O pior é que eu nunca tinha tempo para nada, nem para viajar,

EU NÃO POSSO PARAR AGORA

nem para passear, nem na academia eu ia. Meu corpo e minha mente foram deixados de lado em função da empresa. Agora, eu estava prestes a perder a única coisa que me restava, que era o meu nome, a minha dignidade.

Com muito pesar, no final de setembro, decido optar pela falência. Por mais soluções que eu pudesse vislumbrar, certamente, não conseguiria executar nenhuma, afinal, já estava muito cansado. Ainda que eu planejasse, mirabolasse, estabelecesse metas nas quais eu pudesse me agarrar ou, ainda que eu enxergasse todo o meu potencial e a experiência adquirida, com muito custo e ajuda de quem estava de fora, assistindo ao meu afogamento, pude admitir que se continuasse, o buraco seria cada vez maior. Afinal, buraco é a única coisa da qual, quanto mais se tira terra, mais ele aumenta. Sentia-me completamente morto, faltava apenas jogar terra em cima e, foi então, que decidi: "vou quebrar oficialmente!"

CAPÍTULO 3

ATÉ QUE ENFIM, QUEBREI

Digo até que enfim, porque principalmente naqueles últimos quatro anos havia sido um martírio; para falar a verdade era um grande alívio eu ter quebrado, porque pude interromper o ciclo negativo de enganação em que eu estava envolvido. Além disso, o que eu queria era recomeçar e, mais que isso, fazer diferente, pelo menos uma vez. Sempre tive a ideia de que se um dia eu estivesse na iminência de quebrar, pararia na hora e sairia zerado, sem dinheiro, porém, sem dívida.

Quero deixar claro que admito e tenho consciência de que a culpa, ou melhor, a responsabilidade é toda minha e de ninguém mais. Isto é fato; entretanto, passei por algumas situações que me induziram ao erro e provocaram minhas escolhas erradas. Ao começar meu negócio com a perigosa frase "não tem como dar errado", eu deveria ter parado no mesmo instante em que disse aquela segunda frase "eu não posso parar agora", que hoje me gela a espinha quando a ouço. Tome sempre decisões com as quais você tenha capacidade para suportar. Por isso e por tantas outras coisas, não quero que o mesmo aconteça com você, prezado leitor.

Quebrei porque não tomei as decisões certas, ou melhor, porque me precipitei; em alguns momentos fui depressa demais quando eu deveria ter esperado. Geralmente quando percebemos que as coisas vão mal para o nosso lado, começamos a perguntar aos outros, do mesmo ramo, como vão as coisas para eles. E, inconscientemente, torcemos por ouvir que eles também estejam passando por dificuldades.

De certa forma, quando não estamos sozinhos na desgraça nos sentimos consolados, menos incompetentes. Pensamos assim, porque se as coisas estiverem feias para todos não precisamos justificar ou assumir nosso fracasso; o difícil é ouvir ou observar que os concorrentes estão indo bem ou que, pelo menos, estão enfrentando a suposta crise de forma sensata, pois isso evidencia a nossa incompetência.

Eu não estava mais enganado, as coisas definitivamente iam muito mal para mim e, na velocidade terrível da queda, constatei que tudo na vida tem um porém. Apesar de toda a minha experiência na indústria, no varejo, no atacado e na prestação de serviços, não consegui impedir o que me aconteceu na sequência. Não vou mentir dizendo que mantive a lucidez e o bom humor, não posso dizer que a ideia de suicídio não me ocorreu, porém, pensei na dificuldade do esquema de dar cabo à minha vida.

Como eu faria para me matar? Desisti rapidinho, pois, acredite, minha sensação de incompetência era tão grande que eu temia fracassar nessa empreitada também e, como tudo pode piorar, não custava nada eu me deixar com sequelas. Além disso, meu seguro de vida não cobriria nem 20% da minha dívida. Vivi um sofrimento de dar dó, fiquei até com pena de mim mesmo. Sentia-me no corredor da morte, o que me faz lembrar daquele filme *À espera de um milagre*, pois minha situação era exatamente aquela. Entretanto, leitor, não misture Hollywood com a sua vida real. Nos negócios, o único milagre que existe se chama capacidade empreendedora, que você encontra em um único lugar: em você.

Há, também, em momentos de desespero financeiro a ilusão e a vontade alucinada de ganhar na Mega-Sena ou em jogos de azar. Cuidado, não perca tempo e nem dinheiro com isto, pois não é à toa que eles se chamam jogos de azar. A loteria é a cenoura que fica pendurada na frente do burro e ele nunca vai alcançar. Não se iluda leitor, o melhor dos jogos de apostas numéricas é sempre para os donos das bancas. Quer mexer com jogo de azar? Então, vá ser bicheiro. Como a minha experiência era em confecção e moda, isto eu não faria, definitivamente.

> Apesar da escuridão, pois eu não via sequer uma luz no final do túnel, decidi que não seria apenas um número na estatística das empresas falidas.

Eu queria e estava determinado a fazer alguma diferença, ainda que na tristeza. Eu que, até então, tinha feito pouco planejamento na vida, aprendi a necessidade de planejar, quando decidi quebrar corretamente.

ATÉ QUE ENFIM, QUEBREI

Comecei, então, um planejamento estratégico de falência. Era setembro de 2011 e após contar o meu estoque e calcular detalhadamente minhas dívidas, descobri que, com as roupas e os tecidos que eu tinha, as vendas do ponto da loja e do salão e, de novo, o resgate da minha previdência privada, mais três títulos de capitalização e a venda de 22 parcelas pagas de um consórcio de um carro Fiat Uno, somados à venda do meu carro particular, talvez conseguisse pagar, pelo menos, a minha prioridade na escala de importância: primeiro, funcionários; segundo, prestadores de serviços terceirizados e, em terceiro lugar, os fornecedores.

Como eu pensava tudo grande, meu estoque como sempre dava voltas no quarteirão e, nos bancos eu tinha que fazer um malabarismo para saldar. No finalzinho da existência desta minha última empresa, fiz uma semana de megapromoção na loja de fábrica para poder escoar uma parte do meu estoque megalomaníaco. Nunca se esqueça de que estoque não paga conta, não cobre conta, a não ser que ele seja de ouro ou de dinheiro. Do contrário, todo estoque excedente e ultrapassado é prejuízo.

Vendi tudo e paguei as minhas prioridades, uma a uma, durante os sete meses que se seguiram até o encerramento oficial e definitivo da empresa o que foi, para mim, um alívio de proporções épicas, principalmente, porque eu garantira que nenhum daqueles credores bateria à minha porta para me cobrar o devido, o que, infelizmente, sei que acontece com a maioria das pessoas que quebram, tornando a vida do indivíduo ainda mais desprezível.

Por fim, deixei os bancos que acabariam sacrificados. Eu e a empresa juntos tínhamos 10 contratos, sendo sete deles na pessoa jurídica e três, na minha pessoa física. Como eu havia determinado no meu planejamento um prazo para o começo e o final da minha falência, a partir de outubro, eu planejara deixar de pagar e honrar as parcelas desses 10 financiamentos e empréstimos, porém, tinha um problema terrível, minha mãe possuía 1% da minha empresa e nem sequer sonhava com o tamanho do rombo.

Novamente, antes de ficar inadimplente, alterei o contrato social e tornei-me o único dono da minha ex-empresa. Feito isso, as dívidas ficariam, única e exclusivamente, no meu nome e teria que renegociar os contratos prorrogando as datas, em cima do novo contrato social, no qual somente eu figurava. Eu devia para três bancos: S, B e I, sendo que no banco S tinha dois contratos na pessoa jurídica e três, na pessoa física; no banco B, tinha quatro contratos na pessoa jurídica e, no banco I, um contrato na pessoa jurídica. Sendo este o panorama da situação, conforme as parcelas iam ficando em atraso e eu me tornando inadimplente e *persona non grata*, perante as instituições de crédito, fui reduzindo o número de contratos e aglutinando-os em um único atualizado, em cada instituição financeira.

Eu assinava pela empresa e eu mesmo era o avalista, na minha pessoa física da minha pessoa jurídica. Então, consegui fazer com que este processo sucedesse de forma legal, apesar de alguns percalços, como, por exemplo, ter que pagar as primeiras parcelas. Após o recontrato, como também não conseguiria honrar com as parcelas deste, deixei de pagá-las. Aí, sim, foi desespero total, minha vida era atender telefonemas de bancos e explicar a gerentes que não tinha dinheiro para pagá-los.

Tive uma conversa franca com cada um dos gerentes e expliquei, de forma sincera e madura que não pagaria os bancos, simplesmente porque não tinha e não teria o dinheiro. Essa fase foi muito difícil, porque eu nutria um bom relacionamento com as gerências e, naquele momento, toda a situação estremeceu um pouco minha fluência social com eles. A propósito, já ouvi empresário dizer que não podia quebrar, porque era amigo pessoal do gerente do banco. Olha só, leitor, até onde vai desgraça de uma falência.

Enfim, meu processo de quebra transcorria conforme o planejado. Transformei os 10 contratos antigos em cinco novos. No banco S fiquei com um contrato na pessoa jurídica e um na pessoa física; no banco B, consegui dois contratos na pessoa jurídica e, no banco I, continuei com um único contrato, porém, também atualizado. Conto-lhe tudo isso, leitor, porque gostaria que você observasse que não fiz nada ilegal, além do mais, ilegalidade não é opção para mim. O fato era que, naquele momento, quebrar oficialmente era minha única saída.

Fiz questão absoluta de tirar minha mãe do enrosco, pois ela não poderia arcar com tamanha irresponsabilidade minha. Embora ela não tivesse patrimônio algum (somente o apartamento onde mora, que é portanto inalienável) eu não queria que ela tivesse o nome sujo, pois nome é uma questão muito séria para minha mãe. Ela sempre diz: "Podemos não ter nada, porém, perder o nome jamais." Assim, tendo em vista minha educação e tradição familiar, não poderia nem pensar em deixar que minha mãe fosse moralmente lesada pelos meus projetos fracassados.

Ainda mais, eu que sempre fui um empresário sistemático e correto em relação a pagamentos, fazendo questão de nunca atrasar um único dia. Meus funcionários eram pagos em dia e tinham vale concedido, quando me pediam. Se o mundo é justo ou não, não sei, o que sei é que estava em uma situação de vexame e vergonha. Justamente eu, que sempre coloquei os funcionários em primeiro lugar.

Segui com meu plano e entreguei o salão e a loja no dia 10 de abril de 2012. Naquele dia abaixei as portas, fui para a casa e saí de lá somente após 12 dias de cama, gripe, febre, muita frustração e melancolia, falta de apetite, tristeza, inconformismo, magreza e um sentimento de fracasso total. A esta altura do campeonato, meu nome já estava no SPC e não havia mais maneira de renegociar dívida alguma, além do mais, ainda que eu quisesse, não poderia, pois, não tinha nenhum dinheiro.

Estava zerado novamente, e agora com uma dívida de 620 mil reais, aumentando em progressão geométrica: dia após dia. Caro leitor, não sei se você sabe, mas dívida não para nem para um cafezinho, só aumenta a cada minuto. Sabendo disso, uma decisão certa me deu ânimo e me tirou da cama: eu estava seguindo, criteriosamente, o Projeto Falência Organizada. Entretanto, desta vez, não pararia por completo, como fizera em 2007. O que quero dizer com tomar a decisão certa é calcular e prever as manobras necessárias para desviar dos efeitos indesejáveis que, inevitavelmente, ocorrem desde a implementação da ideia até que ela se concretize.

Tive a consciência de que quebrar ou prosperar faz parte da gestão de um processo que é: identificar tais efeitos indesejáveis, desviar de alguns deles e gerenciar os inevitáveis da forma mais ergonômica possível, utilizando o mínimo de recursos e, feito isto, verificar quanto de recurso humano, financeiro, emocional e até social — sobrou ou é ainda necessário para viabilizar uma nova tomada de decisão. Este conhecimento, infelizmente, não me protegeu de sentir vergonha, baixo-astral, insegurança e nem de enfrentar conflitos dentro e fora de casa.

Algumas ações demandam algo mais que dinheiro, conhecimento e competência, e comigo não foi diferente. Graças à separação total de bens, consegui deixar o nome da minha esposa limpo, até porque precisávamos continuar sobrevivendo, pois comida todos precisam comprar. Se não fosse pelo apoio incondicional da minha mulher, não conseguiria "quebrar com classe", se é que você me entende.

Não quebrei por malandragem e hoje sinto um misto de tristeza e alívio e constato que realmente sou um bom vendedor, pois saí para vender meu estoque e virei um representante comercial, dos bons. Mas, uma coisa ainda me incomodava: eu não conseguia comprar mais nada a prazo. O que tem um lado positivo também, pois passei a exercitar o meu poder de economizar. Perder o crédito não foi a pior das sensações.

Na verdade, a morte bateu à minha porta em forma de intimação. As execuções tramitaram e os credores começaram a me executar, obviamente. Na primeira execução, o banco me dava duas opções: pagar a dívida, ou nomear bens à penhora. Que desespero! Fiquei "mirabolando" como evitaria que viessem em casa penhorar a televisão, o sofá, as mesas, as cadeiras, já que eu não tinha nenhum dinheiro para escolher a primeira opção. Fiquei deprimido novamente.

Comecei o mês de agosto entrando em contato direto com os bancos, tentando uma terceira opção de acerto. Em meu plano de quebra, não havia calculado o dano emocional imputado por cobradores à minha porta. Na verdade, nunca na vida sequer pensei em dar calote em alguém, nem em banco, aos quais eu sempre pagava juros exorbitantes, principalmente nos últimos sete anos. Apesar do vexame de ser cobrado cara a cara, não pensava em dar calote.

Tentei de todas as maneiras convencer-me de que passar o vexame e a vergonha de ser cobrado era parte da lição que a vida estava me propiciando. Ficava repetindo para mim mesmo que aquilo tudo haveria de ter um propósito. Mesmo assim, sofri insuportavelmente. Entretanto, uma surpresa me sobreveio quando, durante minhas tentativas de renegociação com as gerências dos bancos, fui bem recebido e nenhum

ATÉ QUE ENFIM, QUEBREI

dos negociadores me tratou mal, intimidou-me ou fez com que eu me sentisse *persona* menos grata.

Achei engraçado a princípio, pois, sinceramente, imaginava que seria tratado como um caloteiro ao entrar nas agências bancárias. Nada disso aconteceu e prova que o ansioso, por sofrer antes, acaba sofrendo mais do que o necessário. Descobri que quanto mais você deve, melhor o banco o trata, com exceção do respectivo departamento jurídico e de cobrança.

Constatei que o produto de maior valor agregado do banco são aqueles capitais destinados a negócios e pessoas físicas, em fase de implantação, uma vez que não dispõem nem de giro capaz de fazer frente aos compromissos do mês, nem de bens rapidamente conversíveis e líquido necessários ao mínimo poder de barganha. É com esse cliente que ele ganha mais dinheiro.

Porém, após um período interminável, recebendo uma média de três ligações de cobrança por dia, pois optei em não mudar o número do meu telefone, consegui negociar com o banco S, que aceitou a minha proposta, após longa negociação. Quitei esta dívida com o dinheiro emprestado da minha esposa, na condição de pagá-la em 60 meses, com juros de 1% ao mês. Em outubro, o banco I também aceitou a minha proposta e fechei mais um contrato e, por fim, no início de novembro, acertei um contrato no banco B, o do BNDES que, porém, se recusou a negociar o meu outro contrato.

Meu prejuízo, nestes nove anos de empreendedorismo, foi de mais de um milhão de reais entre perdas, dívidas e remendos das dívidas. Um valor dessa grandeza acarreta um retrocesso na vida de qualquer cidadão de, pelo menos, 10 anos, pois se dividirmos esse valor pelos nove anos que empreendi, o resultado é um valor aproximado de 10 mil por mês. Nos Estados Unidos, existe o *Fest First Million*, uma comemoração da conquista do primeiro milhão de dólares, geralmente conseguido por pessoas com, em média, 30 anos. Eu, aos 35, imaginava-me nesta comemoração com o meu primeiro milhão ganho; ele veio, porém, não concretizado em bens, cédulas, negócios e minha previdência restaurada. Meu cheque veio preenchido, não em verdinhas e nem grafado com a pena da galhofa. Mas o conteúdo tinha a tinta da melancolia. Eu ganhara um milhão, em dívidas!

Acabou que ao final de 2012 que começara terrível e triste, mas que parecia terminar menos pior, eu estava em plena fase de "desempreendedorismo", afinal, após uma avalanche de derrota, algo de bom a vida me ensinava. Depois que eu quebrei, passei por aqueles *cinco estágios da morte* (negação, raiva, barganha, depressão, aceitação), sofri muito, mas quando cheguei ao final do corredor maldito, me senti tão livre como nunca. Livre da pressão de ter que dar certo, de ser um empresário de sucesso, de crescer, de ganhar dinheiro, de manter as aparências, de controlar todas as contas bancárias, os fornecedores, os funcionários e até os prestadores de serviço.

Olhando para trás, pelo buraco da fechadura da minha vida escura, vi que lá eu estava enlouquecendo. Quando um empresário quebra, pelo menos aqueles que têm dignidade, sofrem ao tomar decisões para o futuro, pois o trauma nos deixa inseguros, e ficamos nos perguntando se estamos tomando as decisões corretas. A sensação é de desorientação, impotência e insegurança.

O DIÁRIO DA QUEBRA

Dia 31 de outubro de 2011: este foi o dia mais triste da minha vida empresarial, pois parei de cobrir minhas contas bancárias. À noite liguei para a minha família, mas não contei nada sobre o que estava se passando comigo, liguei apenas para ouvir a voz deles, para saber se estavam bem e para me sentir melhor, sabendo que os tinha e me lembrando de que eles é que são o meu verdadeiro tesouro. Nesta data, nada querida, voltava imediatamente meu primeiro cheque. Eram 300 reais sem fundos.

Eu, até então, achava que a palavra nunca pudesse ser usada. Agora, sei que nunca não existe. Que vergonha! Estava destruído emocionalmente, havia 20 dias com o choro estampado em meu rosto. Qualquer coisa me apavorava, um olhar diferente, ou um tom de voz um pouco mais alto, eu já chorava, pois começava a pensar em tudo o que eu perdera e no enorme prejuízo que causara a terceiros. Eu me sentia em um *reality show* do mal. O pesadelo não parava quando me levantava pela manhã. Naquele dia, logo cedo, somei todas as despesas da semana e, sem crédito e sem limite, o que eu tinha não dava para pagar as contas até o próximo domingo, faltariam 4.500 reais. O que eu fiz? Não paguei e chorei.

O mês de outubro inteiro eu vivi às trevas, na verdade e sinceramente, amarguei os momentos mais tristes dos meus 20 anos de empresariado. Eu nunca imaginara, em momento algum, que chegaria àquele ponto. Quebrar jamais fora, nem de longe, uma opção para mim. Dia 31 chegou e todas as bruxas pareciam me perseguir. Foi literalmente o meu Halloween.

Era 4 de novembro de 2011, uma sexta-feira fúnebre. Foi como se o Dia de Finados durasse 72 horas, pois as vendas não aconteciam. Que final de ano horroroso! Estava financeiramente morto! Sentia que nos nove anos de trabalho no ramo de confecção, sempre me iludira com as vendas de final de ano e, então, descobri, da pior forma possível, que elas eram uma ilusão e nunca se realizavam de forma a quitar as dívidas em janeiro. Era sempre uma enorme decepção.

Sábado, 12 de novembro de 2011. Eram 15 horas e 20 minutos, quando minha funcionária telefona para dizer que meu cheque de 250 reais fora recusado na cabeleireira. E assim, aos 36 anos, tive meu primeiro cheque recusado na praça. E o que é pior, fora outra a pessoa a passar vergonha por mim. Dia 14 de novembro de 2011: véspera de feriado. Fui obrigado a demitir a funcionária da produção. Fiquei duplamente triste, por mim e por ela. Uma atitude incomum, para mim, porém não totalmente surpresa para as pessoas que estavam próximas, pois no final do ano, ninguém que está saudável no comércio demite funcionário.

Aquela era uma época de contratações e não de demissões. Mas eu estava quebrando, lembra? Dia 18 de novembro de 2011. O pior do dia foi ouvir o advogado dizer que eu ainda estava em uma situação confortável. Ele justificou a "ladainha" me comparando com outros supostos empresários que estariam em situação pior. Que patético! É, meu estimado leitor, mas a poltrona era de espinho, e quem estava sentado nela era eu.

> Quando fiquei 100% negativado no SPC (Serviço de Proteção ao Crédito) e no Serasa, alguns amigos me diziam: "Bem-vindo ao clube!". Essa frase ridícula me incomodava profundamente, porque aquele era um clube no qual eu nunca imaginara entrar. Para mim, eles pertenciam ao time dos fracassados. Imagine como fiquei ao passar pela porta de tal turma?

Meu desejo era nunca mais ter que entrar no banco. Eu queria ser invisível. Naqueles meados de novembro, eu saía para fazer alguma coisa na rua e logo encontrava alguém que me abordava para me contar casos de outras confecções, ou empresas na mesma situação que a minha. E todos começavam sempre com a mesma maldita frase: "Se isto te serve de consolo..." Eu pensava: "Não, não me serve não. As minhas contas, quem tinha que pagar era eu, e não os donos das outras confecções".

Como eu dizia, estava como o Jack Bauer, meu pesadelo durava 24 horas. E olha que eu só fechava os olhos quatro ou cinco horas por dia. Agora, então, eram no máximo duas horas diárias de sono. Eu não queria dormir para não ter que acordar. Manhã do dia 23 de novembro de 2011, ligaram-me do escritório de contabilidade, do departamento pessoal, e me disseram que naquele dia, sem falta, eu teria que depositar R$4.500,00, para aquela funcionária que ganhava R$923,00 e que havia trabalhado comigo durante exatos doze meses. Quase enfartei, pois se tratavam de quatro salários dela. Um absurdo!

Parecia que eu estava em um buraco e a decisão mais sensata que poderia tomar era sair dele. Entretanto, quanto mais me debatia para escalar as paredes úmidas do meu buraco negro, mais me afundava. A sensação era que me afogaria na lama.

Dia 29 de novembro de 2011. Aconteceu a primeira recusa de desconto de cheque, por eu estar negativado no banco e, detalhe, onde eu não tinha dívidas. Do limite que eu tinha para descontar me restavam, apenas, 7 mil reais. Como desgraça pouca é bobagem e a Lei de Murphy se aplica, invariavelmente, aquele ano foi considerado um dos piores na história da economia do Brasil, no meu ramo. E aquilo me fez quebrar mais rapidamente.

ATÉ QUE ENFIM, QUEBREI

Dia 30 de novembro de 2011. Uma coisa incrível aconteceu: os 7 mil reais que deixei em cheques para descontar foram recusados por um motivo que eu jamais imaginara que pudesse acontecer: o banco I, desde o dia 20 daquele mês, não estava mais descontando cheques de lojas de roupas e de nenhum comércio envolvido ou relacionado à indústria têxtil e de confecção. Que ingrata surpresa! Segundo o relatório da instituição financeira em questão, aquele era um fato inédito e, portanto, confirmava que o setor têxtil, no Brasil, estava fadado ao fracasso.

Dezembro de 2011: grandes mudanças. Decido que, a partir de janeiro do ano seguinte, minha esposa e eu não mais trabalharíamos juntos. Apesar disso não ter se concretizado, ainda trabalhamos juntos para não termos despesa com funcionários. Os processos da produção continuam sendo terceirizados.

CAPÍTULO 4

COMEÇAR DE NOVO

Perdi muito tempo para descobrir que tudo leva tempo.

Fiquei de luto e revoltado, afinal fiz a empresa nascer, dei nome a ela, cuidei dela com carinho e sonhei para ela um futuro brilhante. Tentando me refazer e em cacos emocionais e físicos, tomei uma atitude de desespero, comecei a caminhar no final das tardes e passei a não trabalhar mais depois das 18 horas. Um luxo que eu nunca tivera.

Nobre leitor, descobri em meio à quebradeira o conceito essencial de luxo. É isso, luxo são os detalhes, é a recuperação daquelas pequenas privações que vamos nos infligindo e não notamos. Fechei a empresa que há nove anos tinha o mesmo CNPJ (Cadastro Nacional de Pessoa Jurídica), encerrei as atividades e, foi um alívio. Tenho certeza de que a decisão de quebrar processualmente foi a melhor possível para a situação que eu enfrentava, pois se não tivesse feito isso, hoje eu deveria muito mais que 1 milhão.

Antes, eu nunca tinha tempo para nada e nem para ninguém, e também não dava tempo para nada nem para ninguém, nem para os funcionários. Vivia cobrando rapidez, perfeição e simpatia, e nem conseguia cultivar os meus amigos, ou passar tempo com a minha família. Nem comigo mesmo eu ficava. Meus cabelos estavam ficando brancos e eu via minha vida diminuir em sua extensão. Hoje, dedico mais tempo à leitura, que é meu *hobby*, e faço caminhada regularmente. Antigamente, nem tinha *hobby*; agora vou ao cinema, saio com meus amigos, curto muito mais estar com a minha esposa e até estamos pensando em ter filhos.

Em momentos de crise, a saúde e a beleza são afetadas, uns comem demais e engordam, outros comem de menos e emagrecem e outros envelhecem precocemente por dormirem mal e pouco. Há também aqueles que ficam doentes, sofrem com dores. Trata-se de um estado de desarmonia total, caótico, no qual o corpo sofre as pressões da mente e, o que é pior, os relacionamentos ficam comprometidos, você para de enxergar as qualidades das pessoas, fica mal-agradecido, deixa de agradecer e reconhecer aqueles que estão sempre ao seu lado, fazendo o melhor e salvando você, enfim, vira um burro, e perde pessoas.

Nesse turbilhão de catástrofes, em nenhum momento me desentendi com minha esposa, e consegui o tempo todo enxergar e verbalizar que ela era muito importante para a nossa recuperação. Se lá fora estamos em guerra, esperamos a paz ao menos em nossos lares. Então, ela abriu uma MEI — microempresa individual — na qual trabalho como representante comercial e designer da marca *O Bonitão*. Antes disso, vendi o estoque e paguei um pouco da dívida que tinha com ela. Desaceleramos o passo, dispensamos algumas oficinas de costura, diminuímos o pessoal e, drasticamente, a produção. Minha esposa passou a fabricar mensalmente somente o necessário para pagar nossas despesas pessoais do referido mês.

Finalmente, eu devia somente para a minha esposa e me orgulho em lhe contar, estimado leitor, que estou honrando as parcelas do acerto que fiz com ela. E sobre o banco B, espero em breve conseguir renegociar o restante da dívida. Meu nome ainda está sujo. Todavia, não insisto mais em desafiar os meus pontos fracos de forma teimosa, surda e cega. Claro que tenho projetos; por exemplo, após este livro, pretendo trabalhar com um personagem que criei para o público infantil, o *Super Bagunça*.

Desta vez quero fazer diferente, estou conseguindo pagar tudo à vista, não compro mais nada em prestações e estou muito mais cauteloso em relação ao dinheiro e aos riscos em geral. Se, para crescer, eu tiver que pegar dinheiro emprestado de banco, prefiro dar um passo para trás, caminhar mais lentamente e não correr riscos desnecessários.

De agora em diante, vou trabalhar em cima dos meus pontos fortes e, principalmente, respeitar os meus pontos fracos e que tenho limites, e que alguns eu posso expandir, porém, outros eu preciso, simplesmente, aceitar. Precisei de uma válvula de escape e me apeguei, com todas as forças, à minha família e às artes, principalmente à literatura.

E, por falar nisso, em março de 2013, lancei um livro infantil, *O Menino que pesadelava*, e vou lançar no final do ano as animações do personagem *Super Bagunça*. Inicio agora o meu quarto recomeço e espero que desta vez consiga fazer o certo para não sofrer as mesmas penas do passado. Aquela canção popular — *Começar de novo*, interpretada por Ivan Lins — faz todo o sentido para mim, neste meu novo momento.

Tendo em vista que já não tenho uma vida inteira para enfrentar, entendo que não disponho mais de tempo para entrar em depressão. Embora ainda tenha vontade de chorar, não posso mais parar a vida, me trancar no quarto e ficar largado, inerte, em cima da cama. O bonde tem de seguir e, apesar de danificado, precisa ser consertado em movimento; vou "banguelar", aproveitar a descida e ir consertando as peças quebradas em movimento, pois agora sei que ao consertar o bonde parado, o tempo flui e esgota as chances da retomada à estrada em tempo hábil.

Sinceramente, apesar de arrependido, não penso que minha luta foi em vão. Ela faz um sentido e serve para nortear minhas ações futuras. Também não quero me tornar um persistente errante, um teimoso, cometendo sempre os mesmos erros. Meu objetivo agora não é persistir no erro, é fazer melhor. Tenho trabalhado para não ser mais tão teimoso e sim, determinado.

Nenhuma vitória jamais poderá ser comparada à sensação que se tem ao perder. Perder é uma experiência tão terrível e duradoura que deixa marcas diferentes em cada perdedor. Não é possível desfrutar de uma vitória e gozar de um sucesso, se você não tiver um referencial de derrota ao qual comparar às duas sensações opostas. Para mudar o seu futuro, você tem que mudar o seu presente. Você só tem poder sobre o aqui e o agora.

Pense na minha situação, leitor. Para que eu consiga quitar a minha dívida, terei que vender, aproximadamente, 150 mil exemplares deste livro que você tem em mãos. Isso mesmo, 150 mil exemplares! Só para você ter uma ideia, o autor ganha 10% do valor da capa do livro, e no Brasil a tiragem de um autor já conhecido é de no máximo 4 mil cópias. As exceções são Jô Soares, Padre Marcelo, Laurentino Gomes e Paulo Coelho. E este livro, apesar de cinza, está muito longe dos seus cinquenta tons.

Então, vamos para frente, porque atrás fica somente a história da gente.

PARTE II

AS ARMADILHAS DO EMPREENDEDORISMO

CAPÍTULO 5

EMPREENDER É MUITO PERIGOSO

Prezado leitor, caso me pergunte se compensa montar uma empresa, eu respondo: nem compensa e "nem sem pensa". Essa é a parte prática e chata de empreender. É quando você já está querendo entrar em ação e precisa enfrentar a ideia preconcebida de que empreender, aqui em *Terras Brasilis*, é a aventura mais radical, inconsequente e maluca que alguém pode encarar. E eu tenho este preconceito. Empreender quase nunca compensa, a não ser que tudo dê certo. Entretanto, isso tem menos de 10% de chance de ocorrer. Assim sendo, você está disposto a viver angustiado e cheio de incertezas? Se sim, empreender é, de fato, a sua praia, entre nessa onda e navegue em mar azul.

AS ESTATÍSTICAS SÃO DESFAVORÁVEIS

Se considerarmos que, a cada três anos, 53 de cada 100 empresas que foram iniciadas fecham suas portas, admiro muito as que encerraram suas atividades em tempo ou, ao menos, antes da situação ficar ainda pior. E os outros 47% que estão na ativa, será que estão indo bem? Eu duvido, pois, imagine quantos desses que insistem em ficar abertos não estão atolados em dívidas, quase pedindo falência, ou em situação crítica? Alguns já estão até inativos, porém não deram baixa na junta comercial.

E vamos além, no sexto ano, ou seja, três anos após mais da metade já terem fechado, mais 17% vão se embora. Isso quer dizer que das 100 empresas que foram abertas em 2006, 70% encerraram suas atividades, em 2012. É nessa informação que vejo o quanto é perigoso empreender. E vamos mais fundo, quantas empresas desses 30% restantes estão na ativa, crescendo, tendo lucro e em posição de equilíbrio? INTERROGAÇÃO?

PARTE II
AS ARMADILHAS DO EMPREENDEDORISMO

Não temos estes dados, porém, eu arrisco dizer que são menos de dez. Acredito que apenas essas são as que entendem que o sucesso de um negócio não depende apenas de se conhecer os produtos, dar preço a eles, dominar a praça e os principais pontos de distribuição, ter uma estratégia de divulgação e promoção de seu portfólio, e, por fim, entender de pessoas e processos que dão a proa e ditam o ritmo das operações empresariais. Em pessoas, deve-se incluir principalmente você, o responsável pela empresa.

Outro fator importante acerca das empresas abertas é que aquelas que continuam ativas, dificilmente, mudam de porte. Tendem a ficar sempre do mesmo tamanho. A maioria delas permanecerá do jeito que foram criadas, para sempre: algumas lucrativas, porém pequenas. O grande desafio para as empresas que sobrevivem saudáveis é fazê-las crescer, mantendo seus lucros. Muitos proprietários se embrenham em projetos de expansão, porém, logo recuam, pois não dão conta da loucura que é fazer uma empresa deslanchar. Acabam retrocedendo e, por falta de conhecimento de gestão de processos, ou insuficiência de recursos, optam por ficar do jeito que estavam antes.

Veja que dado interessante: dos quase três milhões de empresas formalizados com CNPJ (Cadastro Nacional de Pessoa Jurídica), 82,5% são microempresas; 14,7%, pequenas empresas e 2,8% são de médio porte. Só de micro e pequenas empresas, já são 97,2% do total. Como podemos perceber, as estatísticas não são nada favoráveis para quem pretende empreender. E ainda piora quando comparamos índices de encerramento de empresas de 2010 para 2012. Segundo dados de 2010 do IBGE, de cada 100 empresas abertas no Brasil, 48 tornam-se inativas em três anos. O SEBRAE, em pesquisa de 2012, aponta que a mortalidade empresarial é de 53%, dentro dos primeiros três anos de vida.

> No empreendedorismo, ao contrário de um investimento comum, é você quem trabalha para o dinheiro, e eu digo que empreender é muito mais arriscado do que aplicar na bolsa de valores. É pior que título de capitalização. Em geral, paga-se muito para, muitas vezes, não se ter retorno algum.

Estatisticamente, você tem 30% de chances de passar do sexto para o sétimo ano no seu empreendimento. Esta é uma das razões de se analisar realmente sobre empreender ou não. E como já joguei muito na loteria, e quanto mais endividado eu estava, mais eu jogava, percebo não haver um distanciamento muito grande entre empreender e jogar na loteria. Vocação e competências pessoais à parte e fazendo uma fria analogia, podemos ver que o resultado pode ser um monte de dinheiro jogado fora.

Por isso, hoje sou contra os jogos de azar e as loterias legalizadas. Todos são como um tiro no pé, e quis compará-las apenas para mostrar a dificuldade e a natureza traiçoeira da atividade de empreender. Empreender e se tornar um sucesso é quase tão difícil quanto ganhar na Mega-Sena e torna-se ainda mais complicado, quando avaliamos o grande investimento feito e o imenso trabalho implementado. Logo, empreender é como uma loteria.

PLANEJAMENTO E EXECUÇÃO

Tem gente que planeja o seu negócio como se fosse uma promessa de ano novo. Vou emagrecer, vou parar de beber, vou viajar, vou isso e vou aquilo. Em planejamento existe uma máxima: o papel aceita tudo. A dificuldade real está em cumprir o que foi escrito, além de inúmeros fatores aleatórios que interferem na execução do planejamento e na obediência ao cronograma.

Por isso, planejar não é apenas fazer planos. Planejar é elencar e coordenar a execução das ações ou tarefas para atingir uma meta ou objetivo comum. A sequência das ações deve obedecer a uma ordem de prioridades, ou de pré-requisitos. Muitas atividades ou tarefas dependem de outras. Então, quando se planeja, é preciso conhecer o sequenciamento lógico dessas atividades. Parece óbvio que se monte os eixos e rodas de um veículo depois que o chassi está pronto, da mesma forma que parece óbvio que se pinte o prédio depois da alvenaria pronta. São as atividades lógicas que conduzem todos os eventos para o cumprimento da meta final, que é a concepção de um produto, serviço ou ideia.

Então, sem planejamento, você acaba achando que fez demais, ou que falta ainda alguma coisa a ser feita. Portanto, se você não tem tempo, paciência ou coragem de sentar e traçar um plano, ainda que seja uma simples lista das tarefas dos itens que devem ser cumpridos e atin-

PARTE II
AS ARMADILHAS DO EMPREENDEDORISMO

gidos, em uma determinada data, então, é melhor você parar de pensar em empreender. Não existe empreendimento sem planejamento.

Hoje, fala-se muito em ERP, e acredito que essa seja uma das siglas mais citadas em conferências e palestras de negócios. O ERP é o instrumento de planejamento que concilia tempo e uso otimizado de recursos. O *Enterprise Resource Planning* (ERP) ou, no Brasil, Sistemas Integrados de Gestão Empresarial (SIGE) nasceu como um algoritmo de programação que propiciasse aos gestores um acompanhamento, praticamente on-line, de como estava acontecendo o uso de seus recursos, a atual capacidade de produção e qual seria a margem máxima de lucros planejada.

Dessa maneira, esse algoritmo, quando implementado nas linguagens modernas de programação de computadores, produziu uma série de pacotes de softwares para gestão e monitoramento de negócios. Como não somos nenhuma organização ou conglomerado empresarial, não imagino que todos os candidatos a empreendedor tenham conhecimento de tais ferramentas informatizadas de gestão. Agora têm.

Peguemos um exemplo mais simples: comparemos o ato de abrir uma empresa com uma ida ao supermercado para fazer compras. É muito mais prudente ir com uma lista de compras, com todos os itens que se deve ou quer adquirir. Esta é a base do planejamento, porém, a maioria dos frequentadores de supermercados para na lista. Pense: ficaria muito mais fácil e rápido se acrescentássemos a esta lista a quantidade de cada item, bem como a marca ou tipo preferido. Próximo passo: se antes de comprarmos conseguíssemos cotar a lista toda em, pelo menos, outros dois supermercados, certamente nossa compra seria campeã.

Se eu quisesse enganar você, ou apenas deixá-lo feliz, eu pararia por aqui e você ficaria empolgado achando que, como sabe fazer compra em supermercado, deve também saber empreender. Entretanto, leitor, o buraco é bem mais embaixo. Quem disse que na sua lista de compras você, realmente, colocou todos os itens que precisa? Ou, pior ainda, será que não listou coisas demais, supérfluas? E a quantidade de cada item, quem estabeleceu? Isso sem falar dos preços dos concorrentes que você cotou que, provavelmente, não são os mais baixos, pois, sempre há alguém fazendo alguma promoção, naquele dia, que pode abaixar, sensivelmente, o preço da lista toda.

Se uma dona de casa, com 20 anos de experiência, fizer esta lista com todos os quesitos que sugerimos, com certeza ela também vai cometer erros, pois, 100% de acerto é impossível, uma vez que ninguém consegue planejar variáveis subjetivas, como, por exemplo: o caminhão do repolho não veio naquele dia e os supermercados todos tiveram que dividir os poucos repolhos que chegaram.

Resultado: os repolhos estão muito caros. Há também outros fatores que não podem ser previstos, pois, dependem de comportamentos específicos de gerentes, que criam promoção relâmpago, de produtos perecíveis, ou com vencimento iminente que precisam ser vendidos rapidamente para que não sejam perdidos. Assim como fazer uma lista e uma compra de supermercados perfeita é bastante difícil, planejar uma empresa também o é.

O fato é que você, inevitavelmente, como empreendedor, cairá em armadilhas que ninguém poderia prever. Mesmo que já tenha ouvido falar de alguma delas, você não deu ouvidos e, somente após cair e se ferir em vários obstáculos, é que você lembraria dos conselhos recebidos outrora. Porém, futuro leitor empreendedor, você poderá já estar quebrado. Quem se acha racional, precisa entender que racionalidade e humanidade são qualidades bastante antagônicas, sim, somos conscientes, mas sempre acabamos enganados pelo nosso inconsciente.

Aquela dona de casa experiente escolhida para fazer a compra perfeita no supermercado acaba sempre comprando três caixas de sabão em pó, porque uma vem grátis se comprar duas e, quando ela faz isso, obtém, sim, 30% de desconto, por item, porém, estoura seu orçamento no valor de uma caixa de sabão. Isso, sem contar os juros bancários, caso a conta fique sem saldo devido a essa transação.

Contudo, fazer com que uma boa lista transforme-se em uma compra satisfatória demanda algo mais que boa vontade, pois os produtos devem ser ordenados pelo seguimento a que pertencem, para que você não tenha que voltar na mesma prateleira duas ou mais vezes. É preciso ter noção de logística. Além disso, quanto você está disposto a gastar? Você tem margem a perder? E se o dinheiro não der? Você vai ter que fazer escolhas. Não esquecendo que sorvetes e congelados devem ser deixados por último na lista sob o risco de derreter e estragar. E você

PARTE II
AS ARMADILHAS DO EMPREENDEDORISMO

sabe que não adianta trocar o tomate para molho por um pacote de chips, porque, nesse caso, você não terá macarrão à bolonhesa.

Outro fator agravante ao se planejar, é a tradição do brasileiro que prefere que haja sobras a ter que comprar itens no meio da festa. No Brasil, é comum ouvir a expressão "é melhor sobrar do que faltar". E, isto, no tocante a empreendedorismo, não é verdade, pois a sobra e a falta são, igualmente, prejudiciais. Quando falta algum item para a produção de uma manufatura, a receita que seria gerada pela comercialização deste produto final fica inviabilizada. Ou seja, a falta de algum ingrediente da receita impede a produção do bolo. E sem o bolo, não tem festa.

Para negócios que envolvam produto final vendido em varejo, a falta deste item implica em não obter a margem de lucro que se faz sobre o preço de custo da mercadoria. Por exemplo, se existe uma demanda por um determinado modelo de veículo e este não está disponível em uma determinada concessionária, o dono do negócio perde, pois é no trâmite que ele consegue acumular valores financeiros. Para esse tipo de empresário, a falta de mercadoria é dramática, porque ele não consegue o montante financeiro para fazer frente aos compromissos mensais por meio de volume de vendas. Se o fluxo não é favorável, o volume não o será também.

A sobra, por sua vez, é vista sempre como dinheiro paralisado. Ter mais do que se gasta, ou do que se vende, gera uma situação confortável para o negócio e para o empresário. Porém, precisamos ter em mente que as margens são parcelas da receita que produzimos em nosso negócio. Outro fator de suma importância é que há concorrência pelo preço final, fazendo com que não se opere com os valores financeiros que garantem as margens dos negócios. Isso explica o fato de que as sobras são ruins na maioria das vezes.

Não se pode somar as sobras – o que seria o mesmo que dizer que o empresário pode repassar os custos de desperdício para o cliente final e, ainda por cima, imputar margens de contribuição sobre o produto final originado. Portanto, sobra é o resultado de uma má gestão de controle, estoque, inventário e suprimentos.

Estimado leitor, sobre planejamento, você precisa estar ciente de que ele jamais será suficientemente completo, entretanto, é muito importan-

EMPREENDER É MUITO PERIGOSO

te, eu diria essencial ao sucesso de qualquer empreendimento. Agora, então, você deve estar querendo me perguntar como é possível planejar e executar o planejamento. Mesmo as grandes empresas e multinacionais vivem replanejando e é exatamente essa consciência que você precisa ter. Entenda de uma vez por todas que o planejamento é necessário, o replanejamento é inevitável, o respeito a ambos e a tentativa incansável em executá-los é o atalho para o seu sucesso como empreendedor.

Em vista disso, criei o PCV: papel, caneta e você. Pegue um papel em branco e uma caneta. E sozinho, comece a planejar a sua empresa. De forma simples e rápida. Mas não deixe de fazer a sua lista de supermercado. Mesmo sendo simples, faça. Enumere todos os itens em execuções necessárias, elencadas por tempo e prioridade. Mudanças surgirão, mas com a lista fica mais fácil corrigir o rumo. Como opção, imagine como se fosse um roteiro de viagem. Antes de pegar o avião, você tem que fazer as malas, porém antes de fazer as malas, você já tem de reservar o avião. Aplique o conceito da logística e tudo vai se encaixar no seu devido lugar.

Feito o planejamento, veja aonde quer chegar com a sua empresa e com você, como profissional. Caso sua competência permita a vontade de chegar longe, é imprescindível que estipule metas para todos os resultados da empresa. Se a meta é dobrar as vendas de um produto em 2015, determine com base no potencial de mercado a quantidade total de unidades a serem produzidas, analise os fatores negativos e veja novamente se a meta é coerente, principalmente se é relevante naquele momento a sua empresa aumentar de tamanho.

Verifique o caixa para ver se ele sustentará esse crescimento. E por fim, o principal, cobre sempre e diariamente toda a equipe para que se cumpra o resultado. Procure definir metas semanais, pois as mensais, apesar da notícia ser velha e todo mundo saber, os vendedores vão deixar para tentar alcançá-las somente nos últimos dias do mês. Você não tem foco? Acha que tem falta de concentração? Fica fazendo um monte de coisa ao mesmo tempo e não termina nenhuma? Não tem problema. Você, apenas, demorará três vezes mais tempo para fazer sucesso com sua empresa ou quebrará três vezes mais rápido. Mas e daí, não é? Então, preste atenção: a falta de foco reduz, sensivelmente, a velocida-

PARTE II
AS ARMADILHAS DO EMPREENDEDORISMO

de com que você consegue atingir sua meta. Empreender com sucesso prescinde de foco.

O problema de empreender, hoje, é que, se você não é rico e não tem vários milhões guardados para esperar sua empresa vingar, então terá primeiro que fazer para comer, ou seja, antes de qualquer coisa, você precisa ganhar para pagar suas despesas pessoais e as da sua empresa. Isso porque você tem que comer, não é? Chamo esta primeira fase de "o trabalho do pão", ou, como diz Dom Quixote, "pane lucrando". Somente após ter o seu pão garantido, é que você conseguirá empreender para lucrar. Teoricamente, porque isso também é difícil.

De antemão, você precisa saber que a maioria das empresas leva, no mínimo, três anos para começar a engatinhar. Não é, exatamente, que em três anos você nadará de braçadas; este tempo é apenas o necessário para que você consiga ter um capital de giro próprio, alguns clientes conquistados e algum conhecimento do negócio. Logo, você, candidato a empreendedor, tem três anos de dinheiro para bancar suas despesas pessoais e seu próprio negócio? Pois ele vai consumir, mensalmente, muito mais que um bebê prodígio e birrento. Este período de três anos é o mais perigoso, já que é durante essa primeira fase que você acredita estar preparado para alçar novos voos. Acautele-se e vá mais devagar para não pôr tudo a perder.

Antes de lucrar, você precisa alcançar, primeiro, o seu ponto de equilíbrio. Esta é a posição que indica que a empresa não está lucrando, porém, também não está perdendo capital. É exatamente aí que a empresa empata. O que eu quero que você entenda, é que para se conquistar essa posição, o negócio precisa estar bastante maduro e com a maioria das variáveis elencadas e mapeadas. O ponto de equilíbrio representa, também, a evolução da curva de aprendizagem que você tem do negócio.

Trocando em miúdos: ponto de equilíbrio alcançado muito próximo do fim do período fiscal significa pouco tempo para lucrar, e isso indica, também, que há pouco conhecimento sobre este negócio. Agora, quanto mais precocemente o ponto de equilíbrio for atingido no período fiscal considerado, mais lucrativo será o seu negócio, porque você terá um período mais longo de tempo para ter receita acima das despesas. E, neste caso, você mostrará ter mais domínio e conhecimento do seu ramo, da sua empresa e dos seus concorrentes.

Então, desta forma, antes de pensar em expandir, em projetos inconsequentes para crescer, assegure-se de que você está trabalhando, por um bom tempo, acima do seu ponto de equilíbrio. Se sua chance de prosperar é de 10%, será que vale mesmo a pena empreender e assumir tantos riscos? Afinal, agora você já sabe que uma empresa demora a se estabelecer. Eu digo que ela, necessariamente, precisa conquistar e gerar confiança dentro de seu mercado, de sua praça, de seus concorrentes e, principalmente, dentre seus clientes.

Uma empresa próspera é aquela que já conseguiu provar que o tempo, as crises, os pacotes econômicos do Brasil e as mudanças de tendências da clientela não a atingem. Uma empresa considerada bem-sucedida é aquela que, literalmente, sobrevive aos solavancos da economia brasileira e, por que não dizer, às exigências crescentes da clientela que se sente em um momento de ascensão social.

> Sem lucro eu não sou nada, nunca serei nada e nunca poderei querer ser nada. Fora isso, o empreendedor tem consigo todos os sonhos do mundo.

Sobre precificação, o que posso dizer a você? É que o procedimento é chato! Trata-se de um processo detalhado e minucioso. Não vou ficar aqui dando aula de matemática financeira, porém, posso contar sobre alguns itens a serem considerados quando se precifica um produto. O processo de custeio considera todos os valores financeiros de ativos tangíveis que empregamos na concepção do produto, ou serviço. Assim, adicionamos nesta receita toda a matéria-prima, os consumíveis, a energia elétrica necessária para o fornecimento de potência às máquinas, a conta de água e esgoto etc. Tudo isso "tintim por tintim", sem sobrar nada.

Depois disso, precisamos somar os intangíveis, aí "a porca torce o rabo", de novo! Para essa operação, você precisa saber quantas horas de trabalho, por funcionário, precisará para gerar aquele produto ou serviço, juntamente às horas de máquinas ligadas, o grau de dificuldade de se fazer esta ou aquela tarefa e qual o valor da comissão que será pago para quem trabalhar direta ou indiretamente na comercialização do produto final.

Aí, bolamos um nome bonito para dar a essas tais "horas trabalhadas", que são as horas-homem, horas-máquina, famosas HM. Mas, agora, você me indaga com uma sábia pergunta: E quando é que eu vou somar a minha parte nessa receita? Eu respondo, caro leitor, se é que você ainda não desistiu da ideia de empreender, ou não quer jogar este livro na cabeça deste autor: a sua parte é a chamada margem de contribuição e ela é a espuma do chope gelado que você tomou no último *happy hour*. Ou seja, é aquela partezinha sensível e efêmera que, se você demorar muito rindo da piada do seu colega, vai embora e não volta mais. Você tem a sensação que beberam do seu copo.

Preço é a concretização, em moeda, da percepção de valor que o cliente tem em relação ao seu produto. Então, vamos fazer uma equaçãozinha básica. Aquela quantidade de dinheiro pela qual você, finalmente, vende sua camiseta, pizza, seu sapato, seguro ou corte de cabelo, é o máximo que o beneficiário final entende e aceita que seja justo pagar.

De certa forma, esta peculiaridade afere justiça e fidelidade ao processo de venda como um todo, considerando-se que a marca é um ativo intangível de um negócio. Um biquíni, por exemplo, quando tem a etiqueta de uma grife famosa vale, na cabeça da consumidora, vale R$350,00. No entanto, quando este mesmo biquíni se encontra em uma prateleira de uma loja popular, sem a etiqueta da grife, é valorado pela mesma consumidora, por R$35,00.

Aqui, um ponto positivo para o empreendedor que consegue inovar em seu ramo de atividade. A inovação é a tecla mais batida quando o assunto é margem de lucro, é o que o cliente percebe como novo, diferente e que de alguma forma mexeu com os seus sentidos. O novo pode estar no jeito que você atende ou na forma como vende o seu produto. Uma confusão comum é achar que a inovação só está no produto, novo produto ou máquina. A inovação mais eficaz é a que gera valor para o cliente e gera caixa para a empresa. Isso é percebido no empreendedor inquieto, com aspirações de criar algo novo e de não se conformar com o modo como as coisas estão, de ser útil e produtivo. Seja criativo, inove.

Por outro lado, no caso de prestação de serviço, se uma choperia servisse chope sem o aparador de copos, de certa forma, desconsiderando o tipo e a marca da bebida, e tomando um valor médio de hora--homem de garçom e de aluguel, teria uma margem maior que outra, que investiu dinheiro nas tais bolachas. Mas, se o chope naquele estabelecimento for mais gelado, com mais pressão e, se o garçom for, além de um mero entregador de comida e bebida, um *showman*, certamente este negócio pode, mesmo não tendo os aparadores, ofertar seu produto por um valor mais alto que o concorrente. Resultado: ele ganha duas vezes, somente neste quesito.

De qualquer forma, o preço é importante, sim. Afinal, seu cliente quer preço bom, qualidade e marca, exatamente, nesta ordem. A qualidade é conquistada ao longo da história da empresa. Trata-se de consideração, consistência e persistência. A preocupação com a qualidade é uma questão de atitude, é uma espécie de comportamento de vida que o bom empreendedor incorpora e desenvolve, ao longo de sua experiência em negócios.

A qualidade não começa com as coisas e muito menos com a matéria-prima. Ela é, antes, uma ideia abstrata, um conceito, um modo de pensar, um sistema de fazer a vida acontecer. O bom empreendedor tem esse tino enraizado em sua vida privada e, este comportamento de qualidade excelente, em todas as coisas, transpira e vaza para o dia a dia de sua empresa. Exatamente como trabalho, a qualidade é gasosa e invade pessoas, lugares, produtos e negócios. E, logo, dependendo do cheiro, incomoda até os concorrentes.

A maioria dos empresários desanima para fazer contas. Muitos, por sua vez, não fazem contas e, então, se iludem sonhando e fantasiando que estão tendo lucro e, equivocados, seguem trabalhando como loucos e se endividando cada vez mais. Logo, obviamente, adoecem e, ao cabo de um longo período de depressão e doença, decidem chamar alguém para aferir os custos de seu produto, ou serviço e, lamentavelmente, quase sempre, é tarde demais. Outra armadilha difícil de ser evitada é basear seu preço naqueles da concorrência.

Caso seus produtos ou serviços sejam iguais, eu diria idênticos ao da concorrência, você terá de brigar pelo menor preço, pois este é o único jeito de participar desta guerra, e, para se ver o lucro, é necessário um grande volume de vendas, sendo que a margem fica extremamente diminuída. Entretanto, se você tem algum diferencial, se o seu produto ou serviço agrega alguma coisa ou valor diferente dos da concorrência, trabalhe com o preço correto para que possa manter seus custos, seu lucro e a qualidade do seu produto por um período longo, o suficiente para consolidar a sua marca, convencer a sua clientela e, finalmente, conquistar sua fatia do mercado

Todo empresário, invariavelmente, tem em mente ou se ilude pensando que sua empresa tem algum diferencial. Mas será que tem mesmo? Não seria apenas amor de dono? O seu diferencial é percebido por seus clientes, ou ele está somente na sua cabeça? A questão do diferencial é um tanto complexa, uma vez que no Brasil, ainda mais depois da febre das franquias, a forma de produzir é muito igual. Os processos são todos copiados e, depois, replicados. Sustentabilidade está em voga, porém poucos clientes ainda levam isso em consideração na hora da compra. Poucas empresas investem em um design customizado de produzir, mesmo que em série, de acordo com sua missão, cultura e meta.

Assim, produtos competitivos e que podem cair nas graças da clientela levam consigo uma boa dose de serviço original, que pode se apresentar como: um atendimento mais atencioso, um ponto de venda mais aconchegante, e outros bons motivos para se frequentar aquele lugar, vez ou outra gastar dinheiro e sair de lá mais feliz. E quem é que não curtiria ir ao *Café con Las Piernas*, no Chile? Aquele sorrisão que se recebe da atendente, a gente não esquece. E olha que o café é bom, mas o da *Kopenhagen* é bem melhor. Não tenha os olhos maiores que a barriga!

Mantenha-se produzindo somente aquilo que dá lucro real. Lucro não é tudo, mas é a única coisa que importa. Eu sei que alguns produtos são indispensáveis para compor o leque, ou famoso mix de produtos que se espera de um determinado negócio. Neste caso, verifique bem se as vendas dos produtos ou serviços que dão lucro compensam a produção dos que não o fazem. É muito melhor vender somente camisetas e ter lucro do que tentar vender jeans também e ter prejuízo. A construção da marca e a fidelização da clientela exigem algumas ações estratégicas.

EMPREENDER É MUITO PERIGOSO

Portanto, lançar um produto ou serviço com preço menor é parte do esquema de marketing de grandes empresas, porém, preste atenção no seu caixa, pois, se você não tiver fluxo, pode não suportar esta ação. A estratégia é boa e recomendável, mas você corre o risco de estrangular o seu fluxo e, até mesmo, de não conseguir realinhar o preço àquele exigido para chegar ao seu ponto de equilíbrio.

A questão de segurar o preço, até o produto ou serviço pegar, é bastante delicada e é coisa de gente grande, como as imensas redes de supermercados e farmácias, as quais, via de regra, entram com um produto novo a preços imbatíveis, por vezes mais baixos do que seu próprio custo para criar no consumidor a sensação de que, realmente, elas têm o melhor preço sempre. Porém, depois de alguns meses, elas voltam a trabalhar com os preços reais dos produtos. Essa estratégia arrojada faz parte da política de investimento e manutenção da marca e da cultura das grandes cadeias de distribuição.

Outra questão importante e sensível do mundo dos negócios é a sazonalidade. Este fenômeno é muito interessante. Tem uma ciência bacana aí. Se o seu negócio for de comida, bebida ou *commodities*, em geral, todos os últimos itens comprados, e que fazem parte da composição do produto, devem ser utilizados por último. Melhor dizendo: se você é dono de uma pizzaria, usa a mussarela que chegou hoje para fazer as pizzas de hoje? Se tiver este item no estoque e, é claro, ainda dentro do prazo de validade, ela será a prioridade de uso. Somente depois, utiliza-se o componente mais recente. É um tipo de programação chamado FILA. O último a chegar é o último a ser usado.

Mas, se você for dono de uma loja de sapatos, concessionária de carros, loja de informática ou qualquer outro ramo que dependa de tendência ou moda, você é obrigado a ter os últimos lançamentos no ponto de venda. Isso porque tais novidades motivam o cliente a comprar os produtos e, com o cliente na loja, você pode implementar uma estratégia promocional para desovar as peças obsoletas.

Pense você: se existe um laptop com processador da geração dez que veio para entrar no lugar daquele da geração nove, o que vai acontecer se você vender somente o laptop da geração passada? O mesmo vale para carros: é mais atraente para um consumidor de carro zero, uma concessionária que disponha dos últimos modelos e do ano corrente, ou uma que disponha das peças novas de modelos de anos anteriores? Esse esquema de programação de atividades é chamado de PILHA. Os itens recém-chegados serão os primeiros a entrar para venda ou para produção.

As armadilhas do empreendedorismo

Uma armadilha serve para pegar uma presa, a qual precisa estar distraída. Ainda mais em um país onde as presas são obrigadas a andar nas trilhas das armadilhas. Guardar fatos que demonstram que não vale a pena empreender é importante para evitar que você despenque do seu sonho de um milhão de reais e caia "pranchado e quebrado", em um balde de água gelada.

Empreender, por vezes, implica em uma dose de sujeição à ilegalidade.

Se você for ficar encucado porque sua loja de conveniência está sujeita, mesmo apesar dos cuidados que você toma, a vender bebida alcoólica para um menor com identidade falsa e correr o risco de ser multada, é melhor você deixar o empreendedorismo para os outros. Nesses outros, incluem-se o número de aventureiros de final de ano, que se embrenham no empreendedorismo se iludindo com um final de ano bom.

Eu garanto que estamos diante do típico caso de que você já é feliz e, apenas, não sabe, até você perder todo o dinheiro que juntou com sacrifício, durante sua vida inteira. Atenção! Montar uma empresa é ficar preso ao negócio. Às 18 horas "a caneta não cai", como quando se trabalha para os outros, principalmente, para o governo, pois você é o empreendedor. Não tem essa de correr para pegar o ônibus das 18h10min. E, pode acreditar, as contas chegam depois das 18 horas.

Não basta trancar o cofre cheio de papéis e ir embora assistir à novela das oito. Você não é livre. Até em um passeio de final de semana, com as pessoas que você gosta, sua empresa estará lá, acorrentada aos seus pés, invadindo sua vida pelo maldito telefone-fruta (Apple e BlackBerry). Uma ilusão constante é achar que o empresário é o dono

EMPREENDER É MUITO PERIGOSO

da empresa. Não é. Tenho uma notícia aterrorizadora para você: a empresa é sua, mas não é você quem manda nela.

Por mais patrão que um dia você possa se sentir, o dono da sua empresa são todos os outros que vêm antes de você na ordem prioritária de pagamentos. O primeiro deles é o Governo. Depois seus funcionários, seus fornecedores e seus prestadores de serviço. Depois, os bancos. Daí vêm as despesas fixas (água, luz, telefone, internet, seguro, alarme, segurança, condomínio, mensalidade, etc). Seguido das despesas variáveis (matérias-primas que compõem o produto).

O próximo dono são as despesas extras e inesperadas (pode acreditar, todo mês elas aparecem, em forma de privada que entope, uma parede que manchou, um segundo frete mal pago etc). E se sobrar alguma coisa, você, com seu devido pró-labore, é o próximo. E caso haja um "saldinho", é a vez da empresa receber para poder continuar crescendo. No caso do faturamento ter parado no meio do caminho dos pagamentos, é você quem arcará com o restante de qualquer maneira.

CAPÍTULO 6

OS RISCOS DE EMPREENDER

Aqui, em terras tupiniquins, as pessoas geralmente não enxergam os riscos envolvidos na abertura de um novo negócio. Para o brasileiro, o risco é secundário ao sonho de ficar rico montando seu próprio negócio. Somos assolados por um tipo de cegueira funcional. Enquanto 38% dos norte-americanos consideram e calculam a possibilidade da falência, aqui, apenas 26% de nós, empreendedores brasileiros, prevemos tal possibilidade. Isto é incrível, não é? No país onde o risco de empreender é considerado um dos maiores do mundo, os próprios cidadãos, supostos empresários, subestimam a chance de dar errado.

Geralmente, os autores de livros que incentivam o empreendedorismo a qualquer custo escrevem em letras garrafais que não devemos ter medo de assumir riscos. Eu digo o contrário, meu caríssimo leitor. Tenha medo, sim! E muito! Afinal, o medo nos deixa vivos, nos deixa atentos e em estado de prontidão para que possamos nos defender, em caso de qualquer ataque, incidente ou ameaça que nossa empresa venha a sofrer. Em relação ao tamanho do risco que ronda o empreendedorismo, podemos compará-lo à aventura de escalar um penhasco e dizer que é tão alto quanto aquele enfrentado por um alpinista que tenta alcançar o topo do Everest.

Vou clarear para você: está mesmo disposto a perder tudo o que você guardou na vida até hoje? Tem certeza que você vai pegar o único dinheirinho suado, que juntou a duras penas na última empresa que você trabalhou e, por sentir-se cansado de ser empregado, e investi-lo inteirinho em uma empresa?

Meu conselho é que você pense melhor e que conte, não apenas até 10, antes de arriscar perder seu precioso e sagrado dinheiro empreendendo. Afinal, quem é que disse que empreendedorismo vale a pena?

PARTE II
AS ARMADILHAS DO EMPREENDEDORISMO

Na realidade, tal projeto somente vale a pena se você conseguir sucesso rápido e sustentável. No empreendedorismo, há apenas uma certeza, a de que o prejuízo é certo e o lucro, incerto.

> Alguns dizem que empreender é ter de matar um leão por dia. Eu digo que empreender é ter de pagar um leão por dia.

E, por falar em pagar um leão, é bom mesmo que você pague, pois os fiscais da Receita Federal vão caçá-lo sem piedade. Se você pensa que andar na montanha-russa é arriscado, ainda não viu nada. Dever imposto é mais arriscado ainda, pois o governo tem um sistema de fiscalização muito mais rigoroso do que o de orientação ao novo empresário. As subidas e as despencadas radicais da economia brasileira causam mais medo e ansiedade do que os despenhadeiros de gravidade zero das montanhas-russas da Disney. Quero ver quem aguenta firme quando o carnê do leão chega.

Além de toda a carga tributária, existe um risco muito grande de você ter que repartir sua empresa com um funcionário que o processa, ou alguma suposta ilegalidade, periculosidade, hora extra, adicional noturno ou qualquer outra coisa. Lamentavelmente, a Consolidação das Leis do Trabalho (CLT) impõe uma série de restrições e obrigações ao empregador, e proteções excessivas ao trabalhador. Inúmeras vezes, empresas têm prejuízos irreparáveis por conta de processos trabalhistas. Há também o risco de alguns sinistros, como incêndio ou roubo. Isto sem falar do perigo de você cair em algum tipo de golpe. Então, seja precavido e faça seguro contra incêndio e, principalmente, contra furtos.

O maior dos riscos e, talvez o mais fatal, entretanto, é tramar sua expansão ou ampliação súbita, utilizando capital emprestado. Tome cuidado, pois a única maneira de crescer, saudavelmente, sem risco de quebrar, é ter capital próprio para isso. Se for para expandir o seu negócio tendo de captar recursos alheios, principalmente de bancos, você está fadado a quebrar rápido. Lembra-se do nosso querido Eike? Quem empreende corre risco de vida, já que, além de perder todas as suas economias, acaba perdendo todo o seu crédito. Então, tenha consciência de que empreendedorismo implica em perda, forte possibilidade de falência, muito trabalho e destruição de relacionamentos preciosos.

Capítulo 6
OS RISCOS DE EMPREENDER | 53

Chamo a atenção agora para uma questão interessante. Tendo em vista o que já narrei aqui, prezado leitor, você não acha que, como funcionário de uma boa empresa, com um bom patrão ou, até em um serviço público, você poderia empreender muito mais? E com muito menor risco? Uma vez que a motivação do brasileiro para empreender e ter uma empresa é ganhar muito dinheiro, você deveria considerar desenvolver suas habilidades empreendedoras em uma empresa que permita desenvolver sua carreira e fazer um grande sucesso. Pois lá, seu salário vai aumentar e sua carreira vai deslanchar. O risco de quebra é zero, uma vez que o negócio não é seu. Certo?

Outro risco importante ao empreender é o excesso de empresas concorrentes. Tudo o que você pensar em montar já existe. Especialistas sugerem inovar, pensar fora da caixa, ter ideias criativas e inéditas, porém, ainda que você invente um produto inovador, vai precisar gastar horrores para desenvolvê-lo e, depois, ainda terá de criar uma empresa para comercializá-lo. Na verdade, se a sua ideia for inovadora demais, não haverá tecnologia para desenvolvê-la e nem processo. Logo, você terá que investir dinheiro para engendrar uma forma de produzir o produto antes de comercializá-lo.

Já, em relação a vender, o que muita gente vende, você corre um sério risco de engolir poeira, pois os mais rápidos do ramo saem na frente e, certamente, permanecerão na frente, enquanto você faz das tripas coração para alcançá-los. Há um raciocínio lógico e bastante plausível sobre a ordem das prioridades do ser humano: primeiro, comida e casa; depois, celular, carro e eletrodomésticos, e por aí vai. Independentemente do ramo que você escolher, os necessários e supérfluos são seus concorrentes diretos e eles são invisíveis, afinal, não é apenas o seu concorrente da esquina que vende o mesmo que você.

Sua briga para deslanchar o seu produto é também com a prestação da casa do cliente, a prestação do carro dele, do seu celular, do seu plano de saúde, da mensalidade da TV a cabo e, até, do cachorro quente e da pizza do domingo, pois ele somente entrará na sua loja depois que pagar as prestações acima mencionadas. E, é bom mesmo que seja assim, caso contrário, você levará calote porque ele não terá dinheiro para pagar as suas prestações.

Com o intuito de reduzir seus riscos, registre todos os arrazoados numéricos que fizer. Contas feitas de cabeça, sem uma análise aprofundada, ainda que bastante pessimistas, induzem ao prejuízo na certa. Dificilmente sua margem de lucro será alta o suficiente para corrigir os cálculos malfeitos que você esboçou. Fazer cálculos de cabeça não funciona na atividade empreendedora, porque não se trata de uma disciplina exata, definitiva e estanque.

Empreender é dinâmico e implica em movimento contínuo e não linear. Assim sendo, você estará sempre sujeito a acidentes de percurso, situacionais e imprevisíveis. Um exemplo é quando você imagina uma loja de autopeças e vislumbra números, pensando: "se eu vender tanto eu vou ter outro tanto de lucro".

Em cima dessa sua continha, você só se esqueceu de todo o resto que sucederá na sua soma, divisão, multiplicação e diminuição. Uma boa comparação é com calcular rota de navegação. Imagine que você vá participar de um rali e, embora tenha planejado, cuidadosamente, o seu percurso, você seja surpreendido por uma tempestade de areia vinda do norte. Neste caso, precisará ter ao seu alcance, outro destino final, em condições competitivas e, de preferência, antes dos outros competidores. Tudo isso com base no cálculo real e não em contas feitas de cabeça que não passam de suposições e especulações.

A inadimplência é outro assunto cruel. Muitos empresários já quebraram por causa da inadimplência. É mais interessante e seguro ter uma clientela pulverizada a ter um único cliente grande e consolidado, pois ele pode quebrar e levar você junto ou trocá-lo por outro fornecedor. Os inadimplentes desenvolvem inúmeras estratégias para não pagar.

Alguns, os que chamo de caloteiros de carteirinha, assumem o papel de desonestos e dizem, abertamente, que não vão pagar e pedem para não serem mais incomodados; outros, até, me dizem para ficar calmo, porque se eu os processar judicialmente, eles já sabem que terão o nome limpo em cinco anos. Que coisa terrível sucede com o comprador brasileiro! Trago para você uma lista de desculpas que ouvi, durante estes últimos nove anos, ao tentar receber de caloteiros. Eles dizem que:

Capítulo 6
OS RISCOS DE EMPREENDER

- Não estão em casa.
- Foram viajar.
- O carro quebrou.
- O filho ficou doente.
- O muro da casa caiu.
- A avó morreu.
- Foram roubados.
- Foram despejados.
- Passarão para pagar amanhã, sem falta.
- Até sexta pagarão.
- Ficaram internados em hospital.
- Já depositaram na minha conta e eu é que não conferi. (Esta é a melhor!)

Ainda sobre caloteiros, muito cuidado com depósitos bancários feitos em caixas eletrônicos, porque você só consegue ter certeza de que havia dinheiro no envelope no dia seguinte. Atualmente, é bastante comum o caloteiro mostrar um comprovante de depósito feito com o envelope vazio.

Então, se você entregar ou enviar mercadoria para este cliente terá prejuízo na certa. Há mais um detalhe: abordar um devedor demanda sutileza e precisa ser de forma inteiramente legalizada, pois se você usar o Facebook ou qualquer mídia social para cobrar o inadimplente, ele ainda pode processá-lo por calúnia e difamação. Se você presta serviços, está em situação ainda pior para ser ressarcido, já que não é possível devolver serviços, diferente de carro, casa e, até, roupa. Prestação de serviço não tem devolução.

CAPÍTULO 7

BANCOS E DÍVIDAS

O devedor vira escravo do credor. Aprenda de uma vez: se você não leva jeito para empreender, e se ainda não está consciente do risco que correrá, nem todo o dinheiro do mundo vai evitar que você quebre. Nem um milhão e nem 100 milhões. Então, é melhor você ficar em casa dormindo; afinal, qual o sentido de trabalhar como um louco se não for para ganhar dinheiro e ser recompensado?

Há diversas definições para banco:

- O que o banco faz quando você está se afogando? Enfia uma mangueira aberta na sua boca.
- Crédito é uma tentação, por isso é a armadilha mais perigosa. É exatamente como queijo na ratoeira para pegar o rato.
- Quando está sol, ele, dá o guarda-chuva e quando chove, pega o guarda-chuva de volta.
- Os bancos são os donos de tudo que você tem: do seu carro, da sua casa, do seu consórcio, dos seus móveis, dos seus eletrônicos etc. Na verdade, o banco é o seu dono e nada lhe faltará, a não ser crédito e, consequentemente, muitas dívidas você terá.
- O banco demora para dar crédito, mas o débito é automático.

Os bancos não são parceiros de nenhum empreendedor. Eles são os fornecedores do produto mais caro que você pode utilizar. Eles estão presentes durante todas as fases do seu empreendimento e, no início, parece até engraçado que eles queiram te emprestar dinheiro, quando nenhum de seus amigos parecem estar dispostos a isso. E é bom mesmo que não estejam, pois você vai certamente perder os amigos quando quebrar. Os bancos, por sua vez, voltam a emprestar dinheiro sem nenhum ressentimento, ainda que você não tenha terminado de pagá-los. Bancos têm comportamento canino.

Como os bancos contribuem para sua quebra? Eles funcionam como uma sereia. Atraem com a oferta de empréstimo ou financiamento "facilitado", com juros baixos, a princípio. Quando há sorteio de prêmios ou títulos de capitalização, parece que a chance de ganhar é grande, como se fosse uma rifa. Funcionários de bancos têm metas para tudo, até para emprestar dinheiro; a pressão é grande e isso aumenta a insatisfação deles com seu trabalho. Mas continuando, logo eles o capturam, como a bela fêmea habitante dos mares, e começam a cobrar os valores do montante atualizado, com juros exorbitantes, acrescidos de despesas com siglas que você não entende em seus extratos.

Eles sobretaxam. Ou você conhece alguém que já beijou a sereia e está aqui para contar como foi? Há uma proposta de crédito enfeitiçante, sem fim. Eu, por exemplo, estourei todos os meus limites de cheque especial e de crédito, no Banco I. Fui negativado. Agora, eu já tenho limite de R\$10.000, para cheques especiais e de R\$20.000, no meu cartão *master, blaster, plus*. Trata-se de um engodo incompreensível. Além disso, tais instituições de crédito agravam a inadimplência e prejudicam o comércio, sustam cheques sem solicitar motivos, alegando sempre o famigerado "desacordo comercial". E pior, eles liberam talões de cheques a todos, até para aqueles que tiveram seus cheques devolvidos.

A origem da palavra crédito é *credo*, que significa, em latim, *eu creio*. O crédito foi, nos primórdios, uma conquista do homem para poder fazer suas negociações distantes, em tempo e espaço, de acordo com a boa fé comercial. Há uma diferença muito grande entre troca imediata e comercialização via crédito. Na primeira, a presença física é primordial para que haja o pagamento, realizado naquele mesmo instante.

Já, a outra é realizada com base na promessa de ressarcimento em um dado tempo e até em outro lugar. O credor deposita confiança, tanto na capacidade do devedor em honrar o pagamento quanto de, não ocorrendo a quitação, haver punição que repare o dano causado pela não efetivação do pagamento. Crédito e débito tornaram-se mecanismos comerciais, baseados na comparação de poder entre indivíduos, geralmente celebrados por meio de contrato. Portanto, contrato é uma forma bonita de dizer a outra pessoa que você não confia nela. Certo?

Os relacionamentos de qualquer natureza pressupõem contratos, compromissos a serem cumpridos e regras a serem seguidas. Assim, todos os empresários deveriam ter seus negócios e seus relacionamentos profissionais previstos em contratos. Estes instrumentos servem para padronizar, garantir, sustentar e amparar juridicamente todas as partes envolvidas na negociação. Até mesmo porque se não for assim, ninguém paga ninguém.

Você começou a empresa direitinho, pagando à vista e conseguindo segurar os cheques a prazo. Depois você paga a prazo e segura o cheque. Na sequência, você paga a prazo, desconta o cheque e começa a desandar. É um processo natural e causado pela falta de reserva em épocas de vacas gordas, crendo que a época de vacas magras nunca vai chegar. Mas ela chega e suas despesas continuam e são incessantes, mostrando sempre novas surpresas. E daí para se recorrer aos bancos é um pulinho.

O primeiro empréstimo a gente nunca esquece, talvez pelo fato de que você nunca vai conseguir pagá-lo ou, no mínimo, vai ter esta dívida acompanhando-o por muito tempo. Pegar dinheiro de banco é promessa de nome sujo na certa. Será apenas uma questão de tempo. É o sinal vermelho de que você vai quebrar. Sendo que custo se corta, recurso se aplica, só há uma quase exceção em pegar dinheiro emprestado, que seria no caso de investir, expandir e fazer mais dinheiro. Mas ainda sim há o risco de se errar nessa análise. Também, nunca pegue dinheiro emprestado para cobrir contas antigas ou para tampar buraco. Em vez de sanar suas contas, você estará, lamentavelmente, a caminho do fundo do poço.

Se precisar de dinheiro do agiota, não vou nem comentar. Aqui você já está morto e enterrado. Mas, se pegou, trate loguinho de pagar. Há alguns que até quebram as pernas dos devedores, como vimos num caso recente, porque eles não têm meios legais para cobrar. Um perigo iminente é tornar-se avalista ou fiador de alguém que você conhece ou que o pegou de supetão no banco e o colocou nessa enrascada.

Meu pai dizia que não se deve ser avalista nem para um filho. E nem um filho para um pai. Para mim ficou claro que isso se estendia a tudo e a todos. Por esse ângulo conseguimos enxergar a profundidade

PARTE II
AS ARMADILHAS DO EMPREENDEDORISMO

e a responsabilidade que é assumir uma "bucha" dessas. O avalista é quem normalmente garante você, num possível contrato com bancos. Se você não pagar, a conta vai para ele, ou se ele não pagar, a conta vai para você. Se for para ser avalista num contrato, que seja no seu. Aqui é hora de dizer "não" a quem pediu esse favor. É difícil, porém é melhor balançar a amizade com um não do que perdê-la para sempre com um "sim". Diga não, e não tenha vergonha. Já vi um caso de separação de casal, pois o marido foi avalista de um conhecido e este não pagou a dívida.

O fiador é outro problema, pois você provavelmente vai precisar dele para garantir que a imobiliária lhe alugue um imóvel. No meu caso, tive que recorrer a esse ínterim algumas vezes, e me sentia mal com isso. Uma imobiliária pediu ao meu fiador até uma nota promissória assinada, mesmo ele tendo mais de dois imóveis. Portanto, nunca assine nada, nada, nada mesmo sem antes ler tudo, tudo, tudo até o fim. Tome muito cuidado com a maioria dos empréstimos para capital de giro, pois esse dinheiro raramente será usado para tal fim. O mesmo ocorre com os empréstimos para pagamento de 13° salário. Estas duas propostas bancárias não passam de linhas de crédito para pegar o empresário vaidoso na armadilha do endividamento sem retorno.

Quanto às variedades de empréstimos, existem duas: Uma ruim, que é aquela que você provavelmente não dará conta de pagar e, a outra, péssima, que vai, quebrá-lo. Resumo: basta fazer algumas poucas contas para se constatar que nada dá mais lucro aos bancos, é claro, do que juros bancários. Incluo aqui o BNDES, que está tão na moda agora com seus juros de 1% ao mês e você acha lindo. Mas não é.

A título de comparação, a poupança mal dá 0,6% ao mês. E ainda por cima, quem precisa de empréstimo, miseravelmente, se vê forçado a adquirir um seguro, um consórcio, uma capitalização, ou algum produto que o gerente está desesperado para vender e poder cumprir a meta. Eu que o diga, pois tive que obter vários desses. Infelizmente, só quando a coisa complica é que o empresário percebe que melhor teria sido se ele jamais tivesse recorrido aos bancos.

Meu leitor, o que eu quero dizer é o seguinte: muitos empresários não têm receita, têm empréstimos que acabam por gerar um falso fluxo positivo em suas contas, de empresa ou pessoais. Porém, basta verificar

Capítulo 7
BANCOS E DÍVIDAS

61

a lista de bens adquiridos e a velocidade com que o fluxo de saída dos valores financeiros ocorre em suas contas. Trocando em miúdos: os empréstimos entram nas contas, provocam uma busca desenfreada por sanar as dívidas mais imediatas.

Depois, há uma falsa impressão de que o negócio está alavancando algum resultado e o banco inicia a cobrança das parcelas do valor principal acrescido de juros. O que se percebe é que, como não há aquisição de ativos, a conta vai tendendo, mensalmente, a zero novamente, e o empreendedor não consegue se libertar deste ciclo vicioso até que sua empresa fique protestada. Mas, aí, fatalmente, não se tem mais o que fazer.

Agora, sobre dívidas. A melhor maneira de administrá-las é não contraí-las. As empresas que vendem dinheiro também precisam de clientes. Então, elas disputam, palmo a palmo, os bolsos endividados cujos donos ainda não estão com seus nomes restritos, que são atraídos pela ilusão de que a parcela do empréstimo, ou do financiamento caberá em seu orçamento inexistente. Não passa de uma ilusão, pois não é possível tocar um negócio com dívidas. Esqueça! Você nunca sairá do lugar. É como surfar em areia movediça. Não existe, dentro da atividade empreendedora, nada mais difícil do que administrar dívidas.

A dívida é um conceito e uma situação transcendental, pois além de você não ter nada, ainda deve. E mais um detalhe: dependendo do tipo de dívida que você contrai, pode morrer e deixar a dívida para seus familiares. Neste quesito, eu não peco. Assim como afirma Brás Cubas (personagem de Machado de Assis, Memórias Póstumas de Brás Cubas), "Não tive filhos, não transmiti a nenhuma criatura o legado de minha miséria".

Ainda sobre o assunto "bancos, dívidas, empréstimos e financiamentos", um artifício bélico usado por estes é o famoso juro composto, mais popularmente conhecido como juro sobre juro. O sistema financeiro se utiliza desse expediente, pois ele oferece uma maior rentabilidade se comparado ao regime de juros simples, no qual o valor dos rendimentos se torna fixo e, no caso do composto, o juro incide mês a mês de acordo com a soma acumulativa do capital com o rendimento mensal, oferecendo aos bancos um maior rendimento, e para você, um maior prejuízo.

Ainda assim, o empresário, mesmo que suando em bicas e com os lábios roxos, assina o contrato que lhe fornece o capital demandado em

24 horas e que deverá voltar limpinho e mais gordinho para o banco em, no máximo 36 meses. Consideremos que pagar banco será uma de suas possibilidades futuras. Muito importante é ressaltar contratos quando o assunto é banco, pois estes têm cláusulas, penalidades, obrigações e multas. Cada coisa tem seu respectivo valor e rigor.

Você precisa ficar atento em relação a qual cláusula você irá ferir ou ser ferido por outrem, e ao que você deve ou tem de pagar, e quando e como fazê-lo. Contratos celebram as vontades das partes que estão em acordo para um determinado fim (ou objeto, no "juridiquês"). Então, entenda perfeitamente qual é o objeto do contrato, o que você espera que aconteça com aquele relacionamento comercial e o custo, caso alguma das partes não cumpra com suas obrigações.

Feito isso, terá instrumentos para decidir se vale ou não a pena levar a cabo determinado contrato. Esta é uma ciência muitíssimo importante, a de fazer a avaliação do grau de letalidade que há no descumprimento de algum relacionamento comercial previsto em contrato. Se tiver a infeliz oportunidade de ler um contrato bancário, saberá o que estou dizendo. Mas creio que não vai lê-lo por ter letras miúdas e termos difíceis demais para alguém que está desesperado por verba. No máximo, vai se ater ao valor das parcelas e ao dia do débito em conta. Tente discutir sobre determinada cláusula com o seu gerente e você ouvirá que, se for para mudar uma vírgula, o empréstimo não sai. É uma via de mão única que só favorece os bancos.

Tenha em mente a seguinte realidade que aprendi no meu curso de Direito (vale não só para dívidas, mas para todo tipo de pagamento que fizer): "Quem paga mal, paga duas vezes". Isso quer dizer que ao comprar uma TV com garantia de um ano, você deve guardar a nota fiscal por, no mínimo, um ano. Se pagou o pintor ou a reposição do cartucho da impressora, guarde o comprovante, se documente. Encerrou uma conta no banco, guarde uma cópia desse encerramento, com todo carinho.

Você sabia que os gerentes não costumam encerrar sua conta? Isso leva a uma queda do índice de rentabilidade da agência e claro, depois de um ano ou dois, seu saldo está lá negativo em mais de R$500. Recibos, comprovantes, contratos e notas fiscais devem ser arquivados, principalmente em se tratando de valores grandes, como dívidas bancárias.

CAPÍTULO 8

IMPOSTOS, BUROCRACIA, GOVERNO E A SITUAÇÃO DO MERCADO

Governo. Este é o nome do seu patrão. Ele cobra demais, não o recompensa pelo seu esforço e é autoritário ao cobrar resultados. Mas o pior é que ele é seu chefe vitalício e você não pode se demitir. A situação é a seguinte, leitor: você pode até não ganhar nada com o seu negócio, mas acha mesmo que o governo concorda em não ganhar nada? Não se iluda! O governo recebe a parte dele em impostos que se multiplicam em uma infinidade de combinações, de três ou quatro letras; alguns até já nascem com um hífen junto para dar um charme.

Mas, olhe bem! Você precisa saber bem quais os impostos que o seu ramo de atividade deve pagar, de acordo com a opção contábil que fez. Depois, precisa apurar o montante financeiro referente a todos esses impostos e adicioná-lo ao custo do seu produto. Seus impostos entram no mesmo balaio dos valores intangíveis. Ah... e tem mais: grande parte dessa sopa de letrinhas está atrelada ao seu faturamento. Logo, quanto mais você ganhar mais vai pagar ao governo, e com um detalhe: imposto é pago na hora. Você pode esperar 30, 60, até 90 dias para receber uma nota fiscal, mas entrou nota nova no sistema, você paga a mesada da bendita.

Por isso, não me espanto se você for mais um que, como eu, paga seus impostos e sente como se estivesse jogando dinheiro no lixo. E é na lata do lixo mesmo. Estamos em último lugar, segundo os noticiários, quanto ao retorno para cada cidadão dos gigantescos impostos que pagamos, de acordo com a coluna de Lia Luft, na revista Veja, Ed. 2254, de 01/02/2012.

Basta comparar o que você paga ao que deveria já estar incluído nos pacotes de itens básicos para a manutenção da vida de um cidadão: pla-

PARTE II
AS ARMADILHAS DO EMPREENDEDORISMO

nos de saúde, pedágios, segurança, escolas e creches para as crianças, além da faculdade. E o que temos depois de pagar essa montanha de dinheiro em impostos? Praticamente nada. Até o atendimento nos órgãos públicos que deveria ser um primor, visto a estabilidade e o salário do funcionário público, é de descaso e falta de respeito. Eu, como empresário, gostaria de convocar meus pares para uma greve, assim como fazem os funcionários públicos, na qual cobraríamos:

- Espaço para mostrarmos nossa importância no cenário econômico, político e social do Brasil;
- Menos intervenção do Estado;
- Eliminação de, pelo menos, 60% dos feriados nacionais, que fazem nossas receitas caírem mais de 25%;
- Redução radical da burocracia e retorno claro dos impostos pagos.

François Quesnay afirma que tem de haver liberdade econômica: "Laissez-faire, laissez-passer, le monde va de lui-même", ou seja, "Deixar fazer, deixar passar, que o mundo vai por si mesmo". Esse seria o princípio do mecanismo econômico, baseado na oferta e procura, isto é, quanto maior a procura de um determinado produto, maior deverá ser seu preço. Contrariamente, quanto menor a procura pelo mesmo produto, menor será seu preço. Se existir liberdade, haverá a possibilidade ou permissão, no caso do Brasil, para se produzir e consumir o necessário; logo, haverá estabilidade no jogo do preço e o equilíbrio será possível.

No Brasil, são necessários 119 dias em média para se abrir uma empresa, e com um custo médio de 2 mil reais! E se você acha que é muito, experimente fechá-la. Este capítulo, meu caro leitor, é para conscientizá-lo das dificuldades e obstáculos impostos pelo Estado, caso você decida ser dono do próprio negócio. Por isso, quero compartilhar esta informação com você agora, para que fique ciente de que não poderá culpar ninguém se escolher desbravar esta selva onde você tem que pagar um "leão" por dia. Sendo assim, acredito que você realmente entendeu onde está entrando.

IMPOSTOS E OBRIGAÇÕES

Imposto não é despesa, pois se fosse seria a primeira coisa a ser cortada. Para você ter uma ideia, de cada 100 reais produzidos na economia brasileira, o governo fica com 36 reais na forma de impostos. Isso sem trabalhar nada. O governo é o patrão de todos os patrões. Falar que o brasileiro paga muito imposto não é novidade, então vou pular a parte da reclamação e ir direto ao que possa lhe interessar.

Para abrir uma empresa no Brasil, ainda que você seja optante pelo SIMPLES, uma modalidade de imposto unificado que não tem nada de simples, você tem que atender a 3.507 normas e estar sujeito a 86 tributos. Assim, você trabalha cinco dos 12 meses do ano somente para pagar tributos. São tantas leis, normas e recolhimentos que os próprios profissionais da contabilidade não conseguem se manter atualizados. Além das contribuições federais, há também aquelas específicas do seu município.

Entender como funciona o sistema de cobrança de impostos é como tentar entender os termos que se usam na Bolsa de Valores, como derivativos e o fechamento de pontos do dia. Impossível para quem está de fora, muito difícil até mesmo para quem já trabalha com isso.

Burocratas colocam um nome bonito como o SIMPLES, que de simples não tem nada, mas fica a falsa impressão de que empreender é FÁCIL.

Quando você menos espera o escritório de contabilidade liga e diz que a prefeitura vai querer um alvará extraordinário, além do ordinário que já existe. Enfim, quando se busca entender o funcionamento do sistema de cobrança de impostos no Brasil entra-se em um labirinto, pois a cada momento nos deparamos com uma especificação diferente, uma exceção ou inclusão de última hora lançada no último pacote econômico. Quando o empresário opta por não pagar impostos adequadamente, o contador já avisa que ele terá de procurar um advogado tributarista em um futuro não muito distante.

Não se esqueça de que prefeitura também é Governo, e virá lhe cobrar a devida parte. O alvará, tão difícil de ser conseguido, tem-se exigido até a contratação de um engenheiro particular ao qual você tem que pagar para receber um laudo a respeito do que é preciso para se consegui-lo, incluído aí a acessibilidade. Taxas e mais taxas e taxas extras e taxas extraordinárias, iptus, iss e mais licenças. Eles não se cansam. Vigilância sanitária, vistoria sobre segurança no trabalho e mais um alvará, o dos bombeiros. Tudo isso é pago, não se esqueça. Fora as exigências mirabolantes para negócios que envolvem áreas farmacêutica, ambiental, alimentícia e tantas outras.

Na verdade, o empresário brasileiro não teria tanta aversão a impostos se estes fossem, transparentemente, revertidos ao bem-estar social, à saúde, à educação ou a qualquer tipo de benfeitoria para a população. O que incomoda o empresário, bem como qualquer brasileiro que tenha um contracheque é que o dinheiro pago desaparecerá em algum duto para dentro de alguma conta bancária na Suíça ou nas Ilhas Cayman e até na cueca de algum corrupto. Dificilmente, você escutará um canadense, um holandês ou um sueco reclamando dos altos impostos que pagam, porque eles desfrutam da reversão total de seu dinheiro em boas escolas, sistema de saúde, segurança e acesso à cultura.

O governo é um péssimo empreendedor, com sua estrutura engessada e suas alianças políticas no congresso. Gasta mais do que arrecada e por isso tem o poder de criar novos impostos e formas de renda, como se já não fosse o suficiente. Porém, a única área na qual o governo demonstra eficiência é na cobrança de impostos, mesmo que o resto da sua estrutura seja arcaica. Vê-se pela amarração que tem feito entre notas fiscais e a renda do consumidor, um paradoxo que explica o grande esforço que é feito na hora de cobrar o que é seu por imposição. Como afirma Adam Smith: "Não existe arte que um governo aprenda de outro com maior rapidez do que a de extrair dinheiro do bolso da população".

Dever para o governo é mais perigoso que dever para bancos. Considerando-se que os últimos dificilmente conseguiriam fechar suas empresas (apenas dificultam seu acesso a crédito), as dívidas com a União podem levar ao fechamento, quase compulsório do seu negócio. Portanto, antes de abrir sua empresa, informe-se detalhadamente sobre a carga tributária a que você se submeterá.

Outro detalhe importante é saber quais as diferenças de alíquotas vigentes nos diferentes estados brasileiros. Por exemplo, se sua empresa

IMPOSTOS, BUROCRACIA, GOVERNO E A SITUAÇÃO DO MERCADO

estiver no estado de São Paulo e comprar matéria-prima de outro estado, você terá de pagar 6% de diferença de ICMS (Imposto sobre circulação de mercadorias), ainda que tenha uma empresa SIMPLES. Para se ter uma ideia, 38% do custo de uma roupa são de impostos, e em cosméticos e serviços ligados a lazer, a parcela é maior ainda.

É um absurdo! Por isso insisto: fique informal enquanto você pode! E você será muito mais feliz, não tenha dúvidas! Informal não quer dizer ilegal, ok? Informalidade é apenas uma primeira fase para quem deseja ser micro ou pequeno empresário, porém ainda não tem ponto e não está pronto para se iniciar na burocracia da formalização. Estimado leitor, não pense que sou esquerdista ou um rebelde sem causa, quando enfatizo a pesada carga tributária que assola o empreendedorismo no Brasil.

Na verdade, não concordo com a célebre frase do contrarrevolucionário filósofo francês De Maistre, "cada povo tem o governo que merece". Merecimento é difícil de mensurar e, portanto, não é justo e tampouco um mérito comum. O que eu acredito mesmo é que cada povo tem o governo que o espelha. No caso, o governo brasileiro deve muito também.

A dívida pública no Brasil cresce, diretamente, proporcional aos tributos impostos à iniciativa privada. Porque o governo gasta mais do que ganha e o pior, gasta mal. O governo estimula o empreendedorismo por interesse próprio. O que acontece é que o país, para se manter financeiramente viável, precisa repor os empresários que fecham suas empresas por outros que querem iniciar uma nova. Somente por isso e nada mais.

Outra questão é pertinente: a do excesso de de feriados. O brasileiro típico, principalmente o funcionário, não vê a hora de ter um feriadinho de quinta-feira para fazer a famosa ponte até a próxima segunda. Quanto ao sábado, é visto como feriado e pronto. Funcionários, em geral e até muitos patrões abominam trabalhar aos sábados. Portanto, leitor, aproveite mais esta dica para avaliar sua capacidade empreendedora: como você se sente em relação a trabalhar aos sábados? Para um empreendedor de verdade, um feriado é um dia inútil, quando ele perde muito dinheiro.

PARTE II
AS ARMADILHAS DO EMPREENDEDORISMO

O estado de São Paulo perde 15 bilhões por ano com feriados. O Brasil tem 16 feriados nacionais e pelo menos 39 estaduais, além do aniversário dos municípios. No mundo de hoje, de disputas e acirramento comercial, na luta pelo melhor preço, os empresários — com raras exceções — conseguem margens de lucro maiores do que 10%. Com isso, há de se pensar que, em um mês de 22 dias úteis, o dono tem três dias a menos para defender seu resultado. Assim, quanto maior o número de feriados, automaticamente, o ponto de equilíbrio do negócio é cada vez mais empurrado para o final do mês, gerando um cenário bastante pessimista, já que, por diversas vezes, a empresa tem de salvar o mês em um dia útil ou, até mesmo, em um período do dia.

Outro aspecto importante é o do indivíduo que empreita, porém não peita um novo negócio, tendendo a responsabilizar o governo, a religião, o prefeito, o vizinho, o fornecedor e todo mundo por sua incapacidade de fazer resultado a partir de uma ideia. Essa atitude covarde desmoraliza o empreendedor brasileiro. É claro que você deve se informar e estar atualizado com o que acontece com a nossa economia e mercado, mas procure se preocupar com o que acontece da sua empresa para dentro, porque se ela está indo mal a culpa é sua.

As contas que vencem são suas e tem que ser pagas de qualquer jeito. Parece chato dizer isso, mas eu tenho o compromisso de alertá-lo. Empreender é, por definição, uma atitude liberal para homens de verdade. Inclusive, a cultura empreendedora dos Estados Unidos ajuda a lidar com quem quebrou de uma forma mais madura. Lá, o fracassado é visto como alguém experiente e mais preparado para o próximo empreendimento. Aqui é sinônimo de vergonha e derrota.

Enquanto o Brasil vive essa onda de progresso na mídia e regresso na realidade, nós, empresários, amargamos o prejuízo e ficamos sem entender como alguns estão comprando casa e carro com tanta facilidade. Será que a coisa está assim tão boa? Como um amigo meu diz: "Para comprar casa e carro não precisa dinheiro, basta coragem." Vamos ver quem vai pagar essa conta!

CAPÍTULO 9

SOCIEDADE

A coisa que mais separa um homem e uma mulher
é viverem juntos.
(Millôr)

Que seja eterna, enquanto dure... A convivência do dia a dia sob o mesmo teto é a maior assassina de relacionamentos que existe. Encontros aos finais de semana nos barzinhos e depois voltar cada um para a sua casa é a relação perfeita. Acredite, leitor, sociedades comerciais sofrem dos mesmos males que os casamentos.

Sociedade é o menor atalho para o fechamento de uma empresa. E piora ainda mais quando os sócios não conseguem se olhar nos olhos. Sócio é o indivíduo designado para a difícil tarefa de ajudar você a colocar dinheiro em sua empresa, compartilhar suas angústias e frustrações e, principalmente, compromissos financeiros.

Há uma coisa essencial que aprendi logo no início da minha vida de empresário: quem tem sócio, tem patrão. Isso porque você passa a ter que prestar contas, ser controlado e vigiado. E se o sócio estiver descontente, não vê problema em largar tudo. Como diz o ditado: "cachorro com dois donos morre de fome." Ou seja, empresa onde dois mandam, não tem dono.

Imagine que um sócio manda o funcionário realizar determinada tarefa, e o outro sócio pede ao mesmo funcionário que execute uma tarefa completamente diferente. Se não tiverem os objetivos de trabalho muito bem definidos e ajustados, os trabalhadores ficam perdidos.

O mesmo ocorre com o filho que recebe uma instrução do pai e outra totalmente oposta da mãe. Resultado: o filho fica perdido e não sabe o que fazer, uma vez que alguém ficará insatisfeito. Até mesmo em uma sociedade profissional deve haver o sujeito que manda, o que coordena as ações principais e aquele que executa. Eu afirmo, nobre leitor, que nunca vi um funcionário brigar e perder a amizade com um amigo ou parente, com a mesma intensidade de ódio, como quem é sócio. Em disputas de sócios, as partes se tornam inimigas mortais.

Em sociedade, procure deter pelo menos 51% da empresa, verifique que esteja tudo documentado, o estatuto formatado, os objetivos de trabalho definidos, as cláusulas referentes à rescisão devidamente revisadas e aceitas, bem como aquelas que arbitram em caso de morte de uma das partes. Tudo tem de estar detalhadamente definido.

> Encontrar um sócio escapa à esfera do profissionalismo. Em vez de encontrar alguém que complemente e tenha habilidade em uma área na qual você não tem, acaba-se optando, por medo de não encontrar a pessoa certa, em compor a sociedade com um parente ou amigo próximo.

O pior é que, na maioria das vezes, você e seu sócio terão as mesmas competências, isso porque o vínculo que se estabelece entre vocês advém de outro contexto, o fraternal ou o familiar. Tal critério de escolha prejudica o negócio e dificulta a imparcialidade nas tomadas de decisões. A única vantagem de se ter sócio é a ampliação da visão e a abrangência das previsões no momento de tomada de decisões. Estar sozinho, nessas horas, é muito complicado, por não se ter outra opinião sobre o assunto, o contraponto. Além de ser uma tarefa muito sensível e de alta periculosidade, a tomada de decisão é, invariavelmente, solitária de qualquer jeito.

Por isso se diz que o pequeno empreendedor é um sofredor solitário pois, embora não tenha com quem se embrenhar em discussões e brigas vãs ou com quem dividir receitas infinitesimais, todos os meses, ele também carece de alguém com quem possa dividir a responsabilidade pelos fracassos.

Há uma analogia muito interessante, entre sociedade e o *reality show* "Big Brother Brasil" (BBB). No começo é todo mundo amigo e se gosta, até que as pessoas passam a se conhecer e se escolher, por um ou outro critério, que parece não ter importância mas que com o tempo gera forte aliança e cumplicidade. Isso sem o fato de que no começo do programa todo mundo pode ganhar o prêmio, é o mesmo para todos, até que vão ficando poucos participantes e a chance de triunfar aumentando.

O mesmo acontece com as empresas. No começo é um amontoado de sonhos, móveis usados e ideias que, com o passar do tempo, vão se materializando em produtos, serviços e progresso ou insucesso e falência. Em negócios, se as partes conseguem vislumbrar dinheiro e patrimônio, a coisa pega. Ninguém fica bonzinho vendo que a vida pode dar uma guinada, e para melhor.

O problema dos sócios se acentua quando vão surgindo os agregados familiares. No começo são apenas dois sócios. Depois, os sócios vão construindo suas famílias, tendo esposas e filhos. Neste momento uma importante decisão precisa ser tomada: se a empresa será familiar, ou não. O que frequentemente ocorre é que, sem pensar nas dificuldades da gestão de empresas familiares, e sem a consciência de que trazer para dentro da empresa membros das famílias implica, necessariamente, em sobreposição de papéis e em um risco muito grande de que o negócio se torne familiar; à revelia dos fundadores, o negócio segue confuso, sem critérios unânimes, abrindo exceções aos filhos, sobrinhos e afilhados. Tal modelo antidemocrático gera insegurança e descrédito nos funcionários que não são da família.

Acolher familiares e amigos para trabalhar em sua empresa pode ser uma tremenda armadilha. Os critérios que os fazem confiáveis são alheios àqueles que os definem como competentes para as funções demandadas pelo seu negócio. Cuidado! Se sua mãe cozinha bem e sempre faz comida para quatro pessoas durante a semana, e para seis no final de semana, isto não significa que ela será a chefe de cozinha confiável e competente que seu restaurante precisa. Até mesmo os limites físicos dela a tornam inelegível, caso haja a necessidade de produção de comida em escala industrial. Você sabe muito bem o peso de uma panela ou tacho industrial, o que torna homens mais aptos a cozinheiros. Perfeito! Mas não vá trazer o seu pai, mesmo que ele seja bom cozinheiro, porque vai dar errado também.

PARTE II
AS ARMADILHAS DO EMPREENDEDORISMO

Assim como existem regras na sua casa, elas também devem existir no seu negócio, porém, os critérios são outros. Os sócios devem ter escopos de função claros, tarefas bem delimitadas e, sobretudo, precisam saber quem vai fazer o *backup* do computador e quando. A dinâmica dos negócios, às vezes, impossibilita o contato pessoal frequente, o que demanda robustez dos processos e uma política transparente e lógica de conduta para a gestão da empresa. O contrato social deve ser rigoroso, o perfil das funções deve ser estabelecido e as responsabilidades e obrigações dos sócios devem ser bem definidas e detalhadas, e o mesmo deve ser feito em relação a todos os funcionários contratados. Dessa forma, é possível minimizar os problemas inerentes às sociedades limitadas.

Outra questão importante é que você e seu sócio não nasceram juntos, certo? Portanto, também não morrerão juntos, a não ser que estejam no mesmo voo ou degustem da mesma iguaria envenenada. Como isto é pouco provável, é importantíssimo deixar por escrito e muito bem explicadas as providências a serem tomadas em relação ao capital, à conta bancária, à responsabilidade legal, ao não travamento do capital social da empresa, em caso de óbito de qualquer uma das partes associadas.

Existe ainda a opção de ser sócio de uma pequena ou microempresa já existente. Entretanto, saiba que ao entrar em um contrato social preexistente, você concorda em ser solidário e assumir todos os danos retroativos da empresa em questão. E, se optar por este caminho mais abreviado, verá que não é tão livre quanto pensa ser. Bastante comum, também, e ainda no mesmo nível, são as comparações entre cargas de trabalho e competências. As partes associadas não, necessariamente, tiveram as mesmas condições financeiras e econômicas antes do início do empreendimento.

Portanto, se um deles pode em determinado momento, mesmo que a empresa esteja em crise e devendo mais do que recebe, fazer uma viagem ao exterior ou comprar um carro novo, e se isso estiver sendo financiado com seus próprios bens, o outro sócio não deve, em hipótese alguma, levantar o ensejo de que esteja havendo injustiça ou evasão de receitas dos cofres da empresa. Cada um teve, sua história antes do negócio começar. Por isso é muito importante fazer as divisões cronológicas e financeiras para poder orientar a gestão do negócio e minimizar atritos entre os sócios, por razões de incompatibilidade de qualidade de vida, ou enriqueci-mento de qualquer natureza.

Sócios marido e esposa

A primeira vez que tive sócio foi quando casei. Minha esposa ficou com 49% da empresa e esse foi o maior erro que eu já cometi como empresário. Foi maior que as besteiras que fiz nas ocasiões em que que-brei. Colocar em negócio o amor de um casal é pôr tudo a perder, pois você mistura amor com dinheiro e esta alquimia é letal. Posso garantir que nenhum amor supera uma falência; mesmo aqueles que conseguem continuar casados, ficam sempre vítimas do fantasma da derrota. Há sempre aquele momento de discussão em que, não importa o motivo, o assunto volta à ocasião da incompetência que levou à falência.

Dê preferência ao seu relacionamento, fique casado ou se case, em vez de empreender e, preste atenção, se já estiver casado ao empreender, a primeira providência é mudar seu regime de casamento para o de sepa-ração total de bens. A outra opção, bastante rara, entretanto, é arrumar um cônjuge que esteja preparado para o mesmo que você. Outro alerta de grande valia é que você não deve largar o seu emprego de anos para embrenhar-se no sonho de empresariar de um marido, ou de uma esposa.

Novamente, priorize o relacionamento e não tenha a ilusão de que seguir com o cônjuge um rumo incerto vai servir como prova de amor; muito pelo contrário, tal decisão é evidência de desamor, inclusive pró-prio, e de imaturidade. Quantas pessoas você conhece cujos cônjuges abandonaram o emprego para abrir a tão sonhada empresa, usando todo o dinheiro da rescisão e não se deram mal nos dois? Tenha cautela e consciência de suas habilidades e competências. Arrojo tem hora, não cabe a todo mortal e, inúmeras vezes, torna-se obsessão.

Sócia família

Nunca contrate quem você não possa demitir.

Os motivos para se ter alguém da família como sócio, ou funcio-nário de confiança são bastante românticos, entretanto, igualmente traiçoeiros. A sociedade em família é, em tese, o modelo mais bonito e harmônico de empreendimento. Porém, logo o filho cresce e quer implantar na empresa as novidades que aprendeu na faculdade, no MBA ou nas "produtivas" conversas de bar. Daí, o conflito com o pai e com o avô é inevitável, pois estes últimos são sempre mais conservadores que o primeiro e, provavelmente, por isso têm a empresa até o momento. Muitas vezes, perdem-se algumas oportunidades de inovação, porém, o negócio continua rentável e resistindo ao tempo.

Sócios familiares do tipo pais e avós representam uma armadilha, pois, ainda que preencham todos os quesitos de um sócio ideal, antes do resultado estão preocupados em proteger você, em vê-lo feliz a qualquer custo, ainda que tenham de pagar para você não ter insucesso. Pais e avós são sócios de ocasião.

Os filhos costumam não respeitar o quesito conservadorismo e tendem a criticar seus pais pela forma retrógrada que administram a empresa. Afinal, o principal parâmetro de mensuração de desempenho dos negócios é o resultado financeiro que é obtido por uma mísera subtração: lucro é igual a receitas menos despesas. Dessa forma, a capacidade empreendedora dos pais pode ser avaliada pela naturalidade com que lidam com uma equação, aparentemente, tão simples. Filhos têm a ilusão de que modelos complexos, simulações matemáticas computacionais e toda a parafernália que mune os negócios na atualidade consigam suplantar a capacidade de gestão e o tino empresarial dos pais ou parentes mais velhos.

Em negócios familiares não é possível entrar, sentar na cadeira do presidente e ir mudando tudo. Os filhos, por mais brilhantes que sejam, precisam passar pelo famoso "balé do asfalto". Há muita fotocópia para tirar, muito cheque para trocar, muita cobrança para fazer, antes de conseguir dar uma ordem ou solicitar alteração em um processo. A competência antecede o parentesco, e isso é uma máxima de administração de negócios. Os filhos, a princípio, precisam aprender como se faz, exercitar com tarefas mais fáceis e, de preferência, distantes dos clientes. O filho é, antes de entender a empresa, um aprendiz.

Obviamente que ninguém quer ser reconhecido pelos feitos dos pais. Ser filho de proprietário de empresa é um papel bastante complicado e, por vezes, ingrato. O menino nunca sabe se é convidado para o futebol de quinta-feira porque é legal e joga bem, ou se é porque o pai pode mandar todo mundo embora se ele não for escalado. Ele fica na dúvida se foi convocado para uma reunião importante, em São Paulo, porque domina o assunto em pauta ou se, simplesmente, porque tem mais facilidade com o inglês e vai poder indicar, com maestria, o local correto para o diretor assinar a ata.

Pais empresários, corujas ou não, forçam a barra querendo colocar seus filhos nos negócios que criaram. Eles usam o forte argumento de que se dão valor ao negócio e se empenham com tamanho vigor para que a empresa prospere é para os filhos poderem sobreviver e cuidar de suas vidas com os resultados dos negócios. Pais empresários tendem a ficar enciumados quando as escolhas profissionais dos filhos não incluem trabalhar no negócio da família, e este fato é tema de diversas sessões de terapia de filhos de empreendedores.

Muitos pais empreendedores, inconscientemente, desmotivam seus filhos ainda pequenos a prosseguirem na empresa familiar, quando estes ao irem mal nos estudos ou por alguma arte, os castigam com a pena de permanecerem na empresa por um período, para que possam voltar a desfrutar de alguns benefícios. Dizem: "Hoje você está de castigo e vai trabalhar comigo pra aprender a dar valor ao que tem." Quem nunca presenciou essa situação? Tal estratégia, logicamente, acaba por dar ao negócio do pai, a imagem de algo ruim, que deve ser evitado ou até repudiado. A grande verdade, meu leitor, é que para reverter uma situação como essa, somente um milagre.

Eu tenho um conselho para os pais, mesmo sabendo que se conselho fosse bom seria vendido e não dado. Mas você já comprou o livro. Apesar da tentação ser grande em ver os filhos seguindo o seu caminho, mais prudente é deixar que eles optem por qual direção seguir. Se desejarem serem engenheiros ou atores, deixe que sejam. Prepare as crianças para que sejam capazes de seguir suas próprias carreiras, para as quais têm vocação. Preparem para que sejam empreendedores, independente da profissão escolhida. Isso sim, é preparar os filhos para a vida.

Se seguir seus passos for o desejo deles, deixe que galguem posições na empresa, conforme suas competências. Desperte neles o interesse pelo trabalho corporativo e permita que iniciem suas carreiras em empresas de outras pessoas, no intuito de aprenderem e de não se sentirem protegidos e amparados, como se estivessem na empresa dos pais. Dê os "toques" de quem já foi um bom aprendiz, como eu imagino que você foi. Ensine--os a ouvir, a aprender o que é hierarquia e o dever de respeitá-la.

Dê o valor à bronca ou à repreensão imposta pelo chefe, quando seu filho vier reclamar do tom agressivo e áspero com que fora tratado na empresa de outros. Se o salário não for o suficiente para ele sobreviver, dê uma mesada ou atribua valores financeiros a algumas tarefas, mas não caia na tentação de inseri-lo como um fantasma em seu negócio para ter uma renda complementar. Os ricos agem dessa forma.

Qual o sócio ideal então, já que você precisa de um? Ao escolher um sócio para o seu empreendimento, você deve considerar uma pessoa que, primeiro, seja diferente de você na personalidade, porém, tenha os mesmos valores. Segundo, o seu sócio ideal deve ter habilidades e competências diferentes das suas, que complementem a sua capacidade de realização, para que, juntos, vocês consigam enxergar os diferentes lados do negócio e tenham a possibilidade de criar soluções espontâneas e diferentes.

Terceiro, se você for o investidor, digo, aquele que vai injetar dinheiro para que o negócio aconteça, tome muito cuidado, já que sócios cujo investimento é mão de obra, entram no negócio apenas com a força de trabalho e competência, e costumam se cansar, sentindo-se rapidamente explorados e desrespeitados, pois acreditam que estão trabalhando muito e que deveriam receber salário.

Meu conselho é que você evite tanto ser o sócio mão de obra quanto o investidor, o qual, por sua vez, sabe o quanto foi difícil conseguir o capital para investir em um negócio e, portanto, vai ficar injuriado, para não dizer irado, quando aquele que entra com o trabalho se sentir no direito de reclamar e exigir salário mensal.

Outro aspecto importante que você deve considerar na eleição do seu candidato a sócio são as chamadas resiliência e maturidade emocional. O indivíduo que opta pelo empreendimento é aquele que consegue

Capítulo 9
SOCIEDADE

se manter alinhado aos conceitos iniciais da empreita, mesmo que os caminhos que levam ao sucesso fiquem cada vez mais estreitos e espinhosos. Então, leitor, o seu sócio precisa ter sofrido o suficiente, ou até mais que o suficiente, para entender esta questão. E, é bom lembrar que a forma com que ele lida com o sofrimento deve ser espontânea e criativa para que vocês consigam crescer e construir, tanto conhecimento quanto capacidade de reversão, frente à situação adversa.

Preciso também informá-lo que sofrimento assim como tempo não podem ser estocados. O que permanece é o fruto da ação positiva em relação à situação problemática do momento. São as atitudes proativas e sistemáticas que constroem o DNA do seu negócio. Uma sociedade possível que enxergo é a do patrão transformar aquele funcionário que demonstra ter comportamento empreendedor e competência em sócio.

Um fator importante é que já existem vínculos e convivência diária entre eles. Também se tem a percepção de como cada um trabalha, com a vantagem adicional de se evitar mais um futuro concorrente. Mas neste caso, você deve ter uma empresa que já esteja funcionando, ou ser um funcionário que tenha um patrão aberto à ideia de tê-lo como sócio.

A maioria dos negócios que fecham precocemente tem sócios sem outra fonte de renda que se dispõem, integralmente, à construção da empresa e que esperam tirar seu sustento dela. Aparentemente, isto é um paradoxo, porque as pessoas se unem em sociedade comercial, justamente com o intuito de ter suas rendas oriundas do resultado do negócio. Mas o negócio, seja ele qual for, leva anos para se pagar, e mais tempo ainda para dar lucro.

Uma analogia possível é com uma criança que se alimenta do leite materno. Se outro indivíduo se alimenta da mesma fonte de nutriente, um deles ficará subnutrido ou a fonte corre o risco de ser exaurida. Assim, os negócios precisam usufruir, a princípio, integralmente daquilo que eles produzem para que depois os sócios e funcionários possam fazer uso de sua produção, e isto em um panorama bastante otimista.

CAPÍTULO 10

O CLIENTE, O FUNCIONÁRIO, O FORNECEDOR E O PRESTADOR DE SERVIÇO

Como disse um excelentíssimo juiz de direito amigo meu: "O direito do consumidor se aproxima muito do direito do trabalho" e "Consumidor mal-intencionado prejudica avanços no direito do consumidor". (Matéria da revista Veja de 05/05/2013) É nesse direito que este tipo de consumidor se agarra. Com isso, quem sempre sai perdendo é o empresário, pois ele perde tanto para seu consumidor quanto para seu funcionário. Ao longo da cadeia de valor dos negócios, há sempre uma família de elementos que adora prejudicar as empresas, a começar pelo cliente. Segundo Luiz Marins, se você perguntar o que seu cliente quer, receberá a merecida resposta: "Cliente quer desconto e prazo". Na verdade, cliente quer quebrar a empresa.

Você já viu cliente elogiando alguma empresa? Raríssimas vezes, aposto. Quando um cliente gosta da sua empresa, no máximo conta para uma ou duas pessoas, caso tenha tido uma experiência excepcional. No caso de uma experiência negativa, no seu estabelecimento, ele provavelmente contará para 20 ou 30 pessoas, ou mil, no caso de redes sociais. E tem ainda os que torcem para que seu estabelecimento esteja vazio para que sejam atendidos sem fila.

Cliente é uma maravilha, desde que pague o preço que vale o produto ou o serviço e, de preferência, em dia. Do que vale o cliente pagar tudo que devia, com juros e correção monetária, depois que você precisou fechar a empresa? Às vezes, essa dívida poderia até ser exatamente o valor necessário para que você continuasse aberto. Há uma parcela de responsabilidade muito importante, tanto do sucesso quanto do insucesso empresarial, que é exclusivamente dos clientes.

O perfil da clientela mudou consideravelmente após o advento do *e-commerce*, o qual possibilita às empresas venderem absolutamente tudo, inclusive produtos importados a preços imbatíveis, porque enxugaram a prestação de serviço nas vendas e toda a mobilização de infraestrutura de atendimento. Há quem diga que o direito de recusa dos clientes e a concorrência internacional e virtual prostituíram o mercado.

Eu mesmo já vi pessoas entrarem em lojas de roupas e calçados, experimentarem o item, cotarem na internet via *smartphone*, dentro da própria loja, na presença do vendedor, e saírem dizendo que gostaram do produto e que vão comprar pela internet, porque é mais barato, deixando a loja com um simples: "muito obrigado".

O consumidor de hoje é livre. Ele não se importa com a marca que está comprando, desde que o preço e o design estejam de acordo com o que procura. Feito isso, ele vai reparar que nome está na etiqueta. Mas há também o cliente cativado que já se acostumou em comprar ou consumir os produtos nos estabelecimentos de seu bairro, ou de sua pequena cidade. É o que acontece com prestadores de serviço como cabeleireiro, eletricista com os quais ainda nos mantemos fiéis. E é esse cliente que a empresa deve agarrar com unhas e dentes. Esse tipo de consumidor não é atraído pelas *megastores* e não tem costume de ir a shoppings para fazer compras, nem cotar preços na internet.

A Dona Maria, embora more em São Paulo, prefere comprar na loja de seu bairro, porque lá ela conhece o dono, é chamada pelo nome e não tem que fazer cadastro e ser submetida à avaliação de crédito para poder comprar o mesmo produto em uma loja maior. Acho que vale a pena prestar atenção nesse consumidor. Com a população envelhecendo e a terceira idade tendo vida ativa, inclusive economicamente, este tipo de cliente estável tende a aumentar.

Observe que um idoso costuma comprar sempre no mesmo lugar, não se importando com oscilações de preço, o que importa para ele é a atenção e a facilidade da negociação. O consumidor de hoje só pensa em preço e pressa, e está até se conformando com um atendimento cada vez pior.

O CLIENTE, O FUNCIONÁRIO, O FORNECEDOR E O PRESTADOR DE SERVIÇO

Existem também os clientes golpistas. Um cliente compra com cheques pré-datados e, após alguns dias, liga na loja dizendo que você pode depositar todos os cheques de uma vez, pois já está com o dinheiro em conta. Você, feliz da vida, segue o combinado. Entretanto, logo em seguida, você recebe uma intimação, porque está sendo processado por descumprir o prazo que constava no cheque e, além disso, terá de pagar uma indenização por danos morais e desrespeito às boas práticas do comércio. Este caso é real e aconteceu com um conhecido meu.

Estimado leitor, não adianta repudiar, reclamar ou amaldiçoar este novo cenário do mundo dos negócios. O que resta fazer é admitir a revolução e, o mais rápido possível, assimilar a ideia de que a única forma de você concorrer nele é melhorando seu serviço, criando um diferencial de atendimento, de forma que o cliente entre no seu estabelecimento porque gosta de estar lá e, portanto, realiza a compra por sentir-se integralmente atendido.

Tirando os que reclamam por reclamar, ouça com atenção as reclamações dos seus clientes fiéis e que estão sempre comprando com você; esses são especiais e desconfie dos que não reclamam. Eu mesmo só reclamo quando realmente gosto do produto e da empresa. Se é minha primeira experiência e eu não gostar do atendimento ou do produto não reclamo, mas vou embora e não volto mais. E não se esqueça de que você também é cliente de alguém.

Funcionários

Para ser contratado o candidato a funcionário demonstra todas as suas qualidades. É simpático e solícito. Mas para infelicidade do empresário, depois de alguns meses, ele se sente seguro, passa a fazer "corpo mole" e acaba se tornando igual à maioria dos outros colegas de trabalho.

A regra geral é: seja lento e criterioso ao contratar e rápido ao demitir. Parece cruel, mas você sabe que tudo o que escrevo aqui é baseado em experiência. Então, admito que haja exceções. Eu mesmo tive funcionários maravilhosos, porém, a experiência frustrante e traumatizante que alguns me causaram, não pode ser ignorada. Em relação aos funcionários, você precisa estar munido de informações e respaldo sobre os acordos sindicais e consolidações das categorias profissionais às quais eles pertencem.

Contratar um funcionário da forma legal e correta implica em pagar outros 100% em impostos e encargos, sobre o valor que você combinou com ele. Sem contar os custos ocultos que um funcionário gera para a empresa ao ter que lhe proporcionar mesa, cadeira, ar-condicionado, material de papelaria, espaço, cafezinho, dentre outros.

Além do salário, você paga INSS, FGTS, vale-transporte, adicional de 1/3 de férias, 13° salário, DSR (descanso semanal remunerado), salário-família e outros adicionais, de acordo com a categoria do profissional, como insalubridade para aqueles que trabalham com produtos químicos, em altura ou similares e adicional noturno para os que exercem suas atividades no período da noite, além de periculosidade para os que são expostos a riscos de vida diversos. Eu concordo com você, se estiver pensando que é muito melhor ter um sócio com defeito do que um funcionário perfeito.

Neste momento, também estou em dúvida. Porém, meu candidato a empresário, sem funcionário você não conseguirá expandir o seu negócio, isto é fato. Não pense que aceitar a ajuda da sua mãe no período da manhã vai resolver seu problema, porque para funcionários também valem os critérios de escolha utilizados para sócios. Muito melhor uma mãe legal, com pena de você por passar aperto na loja do que uma mãe funcionária insatisfeita e injuriada, porque você não paga o salário justo e em dia, sem falar da ira dos seus irmãos ao ver a mãe deles trabalhando para você.

> Aqui, a prova de que em uma empresa 2 + 2 nunca é igual a quatro.

O mais provável é que 2+2 seja igual a três. Imagine que você tenha dois funcionários que cumprem a meta do mês e dois funcionários que cumprem metade da meta do mês. Agora considere que a soma de 2 funcionários + 2 funcionários totaliza três. E fique satisfeito, pois a média é ainda menor que isso. A maioria não cumpre a meta, sem ressaltar a influência de fatores externos, como chuva, carros quebrados, mais desculpas e feriados. Há uma dificuldade ex-

O CLIENTE, O FUNCIONÁRIO, O FORNECEDOR E O PRESTADOR DE SERVIÇO

cepcionalmente grande em relação à manutenção de uma equipe de trabalho adequada.

Ainda que acima da média você tenha 50% dos seus vendedores bons e bem treinados, se dentre os outros medianos 50% você errar em uma contratação e tiver um funcionário inadequado, ele tem o poder de estragar a sua imagem em pouco tempo de atuação. E os bons sofrem o assédio da concorrência, que faz com que ele venha barganhar aumento de salário, justamente na época que a empresa mais precisa dele. E não podendo dar o aumento, ele sai da empresa e deixa você em má situação.

Empresas de recursos humanos e de seleção de pessoas vêm ganhando mercado e ampliando sua área de atuação, mas não há ninguém melhor do que você para contratar sua própria equipe. Mesmo assim, saiba que problemas e conflitos com equipes de trabalho são inevitáveis e devem ser manejados, não há como impedir que eles ocorram. Um empresário me disse que quando ocorre fofoca entre os funcionários da sua empresa, ele manda 20% do pessoal embora, pois onde tem fofoca é porque as pessoas não têm mais nada o que fazer. Concordo com ele.

Não há como agradar integralmente os funcionários. Assim como você nunca vai contentar todos os seus clientes. Os funcionários usam de armas, por vezes escusas, para buscar uma reparação ao dano, supostamente causado pelo patrão. Há uma máxima bastante utilizada por equipes de construção que é a seguinte: "peão de obra é capaz de causar danos de milhões de reais por um aumento não concedido de R$100". E eu acho que esse ensinamento serve para qualquer tipo de negócio. Ou você acha que eu nunca perdi quase uma coleção de roupas inteirinha, por causa de um aumento de salário que eu não concedi ao funcionário?

Para completar, funcionários têm seus parceiros. Sindicatos, advogados trabalhistas e médicos que, antes mesmo de fazer o atestado, perguntam ao paciente até que dia ele quer ficar em casa; estão sempre prontos para atuar nos momentos em que os funcionários precisam se vingar de seus patrões. Ao fazer qualquer tipo de acordo com o funcionário, lembre-se que ele tem o aval do sindicato da categoria. Eu nunca sofri ações trabalhistas e todos os meus ex-funcionários me cum-

84 | PARTE II
AS ARMADILHAS DO EMPREENDEDORISMO

primentam e se relacionam comigo carinhosamente, mas eu quebrei, lembra? Enfim, tudo tem o seu preço.

Os atestados me causavam uma aflição! Era eu ver um funcionário mancando, com as mãos nos olhos, ou tossindo com um paninho na mão, que eu já olhava meu extrato do banco e dava uma verificada se podia aguentar a bronca. E você, patrão, que tem de trabalhar com conjuntivite e perna engessada, como fica? Tudo e por mais que você faça e fez e faz, na Justiça, o funcionário vai ter sempre 99% de razão. Ele vai exigir todos e mais alguns direitos que a lei paternalista com certeza lhe dará. Aviso isso para que você não se decepcione e fique choramingando: "Mas eu fiz tudo para aquela pessoa e ela me retribui assim?"

Quanta azia eu tive vendo o desfile de desculpas para abonar faltas ao trabalho. Quanta criatividade os funcionários têm nessas horas. Mas o que eu poderia fazer? O que eu posso assegurar, meu leitor, é que isso também vai acontecer com você! Tenha muita clareza e discernimento para não descontar sua raiva nos funcionários honestos, que apresentarão atestados verdadeiros, justificando uma falta ao trabalho. Estamos todos sujeitos a acidentes e doenças.

Se hoje você é funcionário e pensa em empreender, tudo o que você deseja para o seu patrão e para sua empresa é o mesmo que seus futuros funcionários vão desejar a você também. Esses direitos que você tanto reivindica sendo funcionário, ficarão pesados e difíceis de pagar, quando você for o empresário. Reflita que sempre para quem paga é muito e para quem recebe é pouco. Não vá achar que você vai ser diferente. Espere e verá. Cheguei à conclusão de que os funcionários amam odiar seu patrão e o patrão odeia amar seus funcionários.

ATENDIMENTO NOS DIAS DE HOJE

Está difícil ver dente de funcionário. O problema no atendimento persiste e tem piorado. É um mau humor que dá medo e muito prejuízo. Funcionários sem paciência são a maioria. Outro dia achei que apanharia de um garçom que trouxe o pedido errado na nossa mesa. Quando o atendimento é bom, coisa rara de se ver, a gente fica até espantado. Dá até vergonha de não levar nada ou de não deixar uma caixinha.

O CLIENTE, O FUNCIONÁRIO, O FORNECEDOR E O PRESTADOR DE SERVIÇO

Mas o que tenho visto por aí é feio e o mau atendimento tem predominado. Atendentes de loja que estão sentados atrás do caixa entretidos em seus celulares têm a audácia de pedir para que o cliente espere um pouquinho, pois ele está "só terminando uma coisinha", diga-se: redes sociais e vídeos no Youtube. Casos assim aconteceram comigo mais de uma vez. Nem vou citar os serviços, ou melhor, os desserviços dos 0800 onde o atendimento é uma calamidade e uma tremenda falta de respeito com o consumidor.

Um caso interessante, entre tantos que vêm acontecendo, como atendentes chamando cliente de "otário chorão", foi de uma loja virtual cuja atendente respondeu a uma reclamação que a cliente fez a respeito da demora da entrega do produto, sugerindo que ela parasse de reclamar e fosse procurar um macho. (Exame PME — outubro 2012. Pg. 103) Chega a ser engraçado, caso você não seja um empresário sujeito ao mesmo tipo de situação. Um funcionário mal contratado pode pôr tudo a perder.

Um empresário experto, quando sai para comprar um produto ou serviço e é mal atendido, se descabela ao pensar: "será que isso está acontecendo na minha empresa também?" Pergunto-me: existe esperança na *funcionarilidade*? Este termo foi criado por mim, para designar a classe de funcionários que têm vínculo empregatício regido pela Consolidação das Leis do Trabalho Brasileira (CLT), portanto, essa definição não existe em dicionário formal da língua portuguesa.

Agora, sobre fornecedores, procure sempre manter sigilo de lançamentos e novidades que deseja estrear no mercado. Quando um fornecedor resolve metralhá-lo, nem invente andar de avião. A coisa fica séria quando se trata de fornecedores de produtos indispensáveis ao andamento do seu negócio e a relação entre vocês estremece. Como eles também fornecem produtos para seus concorrentes, é muito comum soltarem alguma informação estratégica ou gerarem um boato para tirar proveito. O que ocorre, na maioria das vezes, é que acaba havendo um tipo de relacionamento comercial de dependência entre fornecedores e clientes. Diversos negócios criam uma dependência tão forte de seus fornecedores que, quando os últimos não dispõem do produto, os clientes não produzem.

A grande dificuldade das empresas é manter a qualidade de seus produtos e saber que quando mudam de fornecedores, os clientes percebem alguma diferença e passam a reclamar do preço; percebem um pequeno defeito e já atribuem a suposta falta de qualidade ao fato da sua empresa estar indo mal. Quando isso acontece, pode ser fatal!

Por isso, MBAs sérios dão tanto enfoque às Cinco Forças de Porter. Desenvolvidas por Michael Porter, o pesquisador acredita que existem cinco fatores de forças competitivas que devem ser analisadas para se desenvolver uma estratégia empresarial eficiente, seriam: rivalidade entre os concorrentes, poder de negociação dos clientes, poder de negociação dos fornecedores, ameaça de entrada de novos concorrentes e ameaça de produtos substitutos.

Uma dessas forças está concentrada nos fornecedores e na dinâmica de comportamento deles, dita em muitos casos, a forma com que seu negócio vai caminhar. O conceito de qualidade é muito sério, principalmente para empresas que lidam com produtos únicos de matérias-primas exclusivas, cuja falta pode ser catastrófica, sendo que depende de um seleto grupo de empresas que fornecem matéria-prima similar.

Para negócios mais gerais, que não afetam a vida do cidadão diretamente, os fornecedores são vistos como empresas necessárias, mas não suficientes para manter a entrega demandada. Assim, o poder de barganha que eles têm fica reduzido, já que se entendem como empresas facilmente substituíveis. O que os clientes querem dos fornecedores, nestes casos, é a garantia de fornecimento do material, na quantidade solicitada e entregue no local sugerido. Nada mais do que isso!

Prestadores de serviço

É possível levar vantagens com a terceirização de algumas etapas dos negócios. Foi assim que eu consegui equacionar meu negócio de confecção, terceirizando os trabalhos de corte, bordado, *silk*, costura, lavanderia e acabamento das roupas. Analisando hoje o meu ramo e a minha trajetória, creio que foi a decisão certa me cercar de prestadores de serviço que são especialistas em suas áreas, sem contar os investimentos que deixei de fazer. Quem me dera poder ter terceirizado todas as decisões erradas que tomei!

O CLIENTE, O FUNCIONÁRIO, O FORNECEDOR E O PRESTADOR DE SERVIÇO

José Pastore, professor da Universidade São Paulo (USP) e estudioso do processo de terceirização de empresas, diz que as consultorias ficarão com o cérebro dos negócios, plantas fabris e operacionais, como os músculos. Entendo que no modelo de competição atual não dá para produzir em escala e com qualidade, atender adequadamente os clientes e gerenciar indicadores, parâmetros de desempenho, melhorar as interfaces críticas e treinar os funcionários para produzirem mais por menos, sem um cérebro capaz de coordenar tudo isso. Mas creio que isso não se aplicará nas micro e pequenas empresas, por terem seus recursos escassos e limitados.

Existe, porém, o calcanhar de Aquiles da contratação de empresas terceirizadas. A principal delas é que pela legislação brasileira atual não se pode terceirizar a atividade principal, ou seja, o assunto núcleo do seu negócio. E se uma prestadora de serviço terceirizada só presta serviços para sua empresa, tome cuidado pois pode caracterizar vínculo empregatício, ou seja, os funcionários da terceirizada podem entrar com processo trabalhista, tanto na terceirizada, como na sua empresa também. Procure contratar terceirizadas que prestem serviços para outras empresas, além da sua.

Outro fator é o encarecimento significativo dos produtos e serviços dos quais você terceiriza, e é mais uma empresa que você terá que controlar, fiscalizar e treinar para que siga os seus padrões de qualidade. E mais um porém: futuramente este prestador de serviço pode vir a se tornar um concorrente.

Portanto, tome muito cuidado ao lidar com empresas prestadoras de serviço, principalmente com aquelas especializadas no assunto mais sensível da sua cadeia de valor, pois elas tomam contato com diversas empresas do setor e vão dominando as informações estratégicas do negócio. Eu não duvido da idoneidade das pessoas até que elas me provem o contrário. O duro é que elas têm me mostrado o oposto com tanta frequência, que acabo achando, por certo, alertar você.

Meu leitor, sei que são muitas coisas, muitos assuntos para socorrer e eu também sei que não dá para manter todos os pratos rodando sobre as varetas. Alguns vão cair. Nem a probabilidade nos protege nessa hora. Saiba que muitos dos seus concorrentes foram um dia prestadores de serviço. Como, tipicamente, essas empresas têm padrão de excelência em processos de gestão, elas conseguem enxugar as despesas ao extremo e buscar receitas mais volumosas, gastando menos que você. Isso atrai investidores que buscam esse tipo de negócio para multiplicar o capital. O resultado é, consequentemente, mais uma corda bamba para nós, míseros empresários: ganhamos mais uma forma de ter concorrentes criados em nosso próprio quintal.

PARTE III

EMPREENDER NEM SEMPRE VALE A PENA

CAPÍTULO 11

A ILUSÃO DE EMPREENDER

Empreender está na moda. E está na essência humana segui-la. Se todas as mulheres estão usando óculos grandes, as que ainda não estão se sentem fora dessa onda e acabam por ficarem para baixo. Se todos os homens estão usando rodas de liga leve em seus carros, então, os que não estão, acabam ficando por fora. Somos "maria vai com as outras" e se nossos vizinhos estão empreendendo, "por que eu não estou?" Não caia nessa arapuca que armaram. Empreender não tem nada de moda, mesmo apesar de uma empresa também poder ser passageira.

Não cogite abrir uma empresa com base nas capas das revistas de negócios. O conceito "oba, vamos empreender, que legal!" é vago e não leva o indivíduo em consideração. A mídia só mostra casos de sucesso, pois é deles que vem a sua renda. É o efeito demonstração que cumpre sua função de mostrar os mais, como forma de incentivo para os menos. Não deixe entrar na sua cabeça aqueles milhões que são estampados e que está muito longe da nossa realidade. As reportagens com pessoas de sucesso, que começaram com pouquinho dinheiro e hoje faturam horrores, nem sempre são como dizem ser. Por trás dessa linda história, há muita coisa que não nos é contada. É leviano dizer que todo mundo tem capacidade de empreender.

E sobre isso eu afirmo que é evidente que nem todos terão a capacidade de empreender. Essa divulgação exagerada do empreendedorismo possível e viável a todo mundo e desse "tire seu sonho do papel" só tem causado muita frustração e angústia. Uma verdadeira falta de respeito com a individualidade.

Outro prejuízo que o candidato a empreender tem, são os livros de autoajuda financeira que são bons somente para o escritor.

PARTE III
EMPREENDER NEM SEMPRE VALE A PENA

A maioria presta um desserviço, que só faz iludir o pretendente a empresário. O "milionário-miojo", aquele que fica rico em três minutos não existe. Autoajuda financeira é diferente de livros sérios sobre Administração. Ler Peter Drucker é uma coisa, ler *Fique rico com a força do pensamento* é outra, completamente diferente. Mesmo porque, os livros de autoajuda só motivam enquanto você está lendo, não têm aplicação prática na vida empresarial.

Acredite. Eu já fui um dos maiores entusiastas do empreendedorismo. Há 10 anos eu jamais conseguiria escrever esse livro. Só depois de ter visto e estado dentro desse furacão é que pude fazer essas realísticas constatações. Tudo sempre esteve na minha frente, mas eu nunca quis enxergar. É mais fácil caminhar dentro das nuvens com a vista embaçada em vez de enxergar nitidamente. Há uma falsa certeza de que, ao ter o próprio negócio, o indivíduo desfrutará de plena liberdade, fazendo viagens internacionais, tendo confortos adicionais e prazeres que não fazem parte, nem do imaginário, da maioria dos cidadão comuns. E ao empreender ele se depara com tudo isso, só que ao contrário.

> Mas e você, que está decidido a empreender custe o que custar? Como conter esse desejo irrefreável de ter uma empresa? Já sabemos que a verdade não penetra em um entendimento rebelde.

A sua ideia é brilhante, você contou para os seus amigos e eles disseram que o negócio vai dar certo, (só se esqueceram de dizer quando e como), que vão comprar de você e coisa e tal, mas na verdade, só foram na inauguração para tomar champanhe e comer coxinha. Comprar que é bom nada. Tente não superestimar essa conta, ela não fecha e você vai se decepcionar. Sua certeza continua inabalada e sua ideia magnífica vai atrair muitos investidores e não tem como dar errado. Você acha que é melhor fazer do que se arrepender depois por não ter feito. Não se esqueça de que há arrependimento no fazer também, e pode ser mais insuportável do que não ter feito.

Não fazer é apenas uma escolha, só isso. No empreendedorismo, muito provavelmente, é a opção certa. Essa cegueira é perigosa e não leva a bons resultados. Sempre tentamos nos convencer daquilo que queremos, porém quem tenciona se satisfazer, não regateia condições no contratar. Por causa do princípio psicológico da dissonância cognitiva, se uma pessoa realmente acredita em algo e você diz que ela está errada, ela constrói um muro e se torna defensiva. Muitas vezes você pensa que nasceu para empreender.

Você deve acreditar que não se encontra empresário de sucesso em todo lugar. Estou considerando empresário de sucesso somente aquele que paga à vista, não desconta cheques nem duplicatas e mostra todos os seus saldos bancários positivos e carros e casas pagas. Você percebe que todo mundo tem um parente rico, mas que esse parente rico nunca é você? Winston Churchill dizia que o sucesso é a habilidade de passar de fracasso em fracasso sem perder o entusiasmo, e apesar de ter sido um grande homem, ele trabalhava para o governo, não era empreendedor. O sucesso em muitos casos reforça a prepotência. Esse é um momento delicado para o empreendedor que acredita estar tendo sucesso e que isso perdurará para sempre, como é o caso de Eike Batista.

O empreendedor se engana quando soberbamente acredita que já domina por completo o seu negócio. Tem gente que começa a ganhar um dinheirinho e se acha tão superior que não cabe dentro do seu próprio ego. Não esqueçamos que o dinheiro não muda as pessoas, o dinheiro apenas as desmascara. Alguns acreditam em sorte. Fico desanimado quando alguém diz que determinado empresário teve sorte; para mim isso é o mesmo que chamá-lo de incapaz.

Sorte é coisa de perdedor, repare que quem fica parado nunca tem sorte. Para ser atingido por um raio, é preciso estar na chuva. Sorte, na verdade, é uma conquista racional que se obtém com muito esforço e disciplina. Seguindo essa linha de pensamento, podemos dizer que intuição tem a sua base na análise, raciocínio e reflexão. É conseguir filtrar toda a informação colhida e chegar na que acreditamos ser a mais conveniente em cima desses dados.

Ainda na linha do subjetivo, temos a força do pensamento. O cliente não vai comprar na sua empresa só porque hoje você acordou e usou a força do pensamento. Ele vai comprar na sua loja por causa da atitude positiva que você realiza no seu atendimento, do seu bom humor e do produto que ele busca. Pensamento positivo é importante, mas mude para atitude positiva.

Empreender também não é sonho. Das pessoas entrevistadas pela pesquisa GEM de 2013, 44% disseram que o principal sonho era abrir seu próprio negócio. O sonho da pousada na montanha e da barraquinha de vitaminas na praia pode vir a se tornar o maior dos seus pesadelos.

Empreender é um projeto de vida profissional, uma opção de carreira. Conheço muita gente que tinha o sonho de empreender, saiu da li\nha de conforto, vendeu tudo o que tinha para empreender, abdicou d\ muita coisa e não conseguiu sucesso. Pare de sonhar quando o assu\nto é empreender. Isso só trará frustrações. Empreender é um projeto profissional que se encaixa no seu projeto de vida, no qual realizar sonhos está incluso na categoria de sua vida particular e pessoal. Para aqueles que querem viver dos seus sonhos, um conselho: vão dormir.

O mesmo vale em achar que ao empreender conseguirá ser feliz. A Finlândia, um dos países que menos empreendem no mundo, é onde as pessoas são mais felizes. Portanto, não é no Brasil, empreendendo, que você vai ser feliz.

Esqueça os perfis do Facebook que só mostram gente de sucesso e feliz. Ninguém posta que quebrou ou que não está conseguindo pagar as contas do mês, caso da maioria. É só alegria. Pura ilusão. Recordo o poema *Em linha reta*, de Álvaro de Campos:

"Nunca conheci quem tivesse levado porrada. Todos os meus conhecidos têm sido campeões em tudo."

Na realidade, o que leva uns para um caminho e outros para caminhos diferentes é a razão que se deve respeitar que cada um é um. A vida de determinado indivíduo tem a ver com o histórico de sua vida inteira, sua educação, suas amizades, sua família, amigos, viagens e convivências que só ele passou. Principalmente, deve-se respeitar sua vocação, talento e motivações que empurram suas vidas para frente. Respeite isso nos outros e busque em você quais são essas qualidades.

Nenhum ser humano é igual a outro, apesar de sermos da mesma espécie. Isso serve para você saber que nem todo mundo pode ser empresário como os livros de autoajuda pintam por aí. Quem desmaia vendo sangue, por mais força de vontade e persistência que tenha, não poderá ser um bom médico. Isso que nasce e se desenvolve conosco que chamamos de vocação e talento. Mesmo a receita do bolo sendo igual para todo mundo, cada um faz o bolo do seu jeito, sendo que muitos vão errar e o bolo ficará horrível. Agora, imagine se embrenhar numa epopeia que é empreender e que não tem receita. Nem todos nascemos para o mesmo, ainda que todos possamos querer o mesmo, ou algo muito semelhante. Gosto de acreditar que "há um lugar que faz sentido para cada um", esta citação é de autoria de Valter Hugo Mãe.

Entender a motivação que está por trás do empreendedorismo, seja por necessidade ou por oportunidade, tem sido um dos maiores desafios da área. Os empreendedores por necessidade são aqueles que iniciam um empreendimento autônomo, por não possuírem melhores opções de trabalho, abrindo um negócio a fim de gerar renda para si e suas famílias.

Pode-se concluir que empreender por necessidade na verdade quer dizer que a pessoa o faz para ter um emprego. Os empreendedores, por oportunidade, optam por iniciar um novo negócio mesmo quando possuem alternativas de emprego e renda, ou ainda, para manter ou aumentar sua renda pelo desejo de independência no trabalho, o que proporciona uma maior qualidade no empreendimento criado.

No meu entendimento, todo empreendedor que empreende por oportunidade, também é por necessidade. Mas nenhum que é por necessidade será por oportunidade. As pesquisas apontam que 58% empreendem por oportunidade, mas tenho minhas dúvidas. Poucos vão admitir que o dinheiro empregado em um novo negócio seja por necessidade. Dá status dizer que enxergou ali uma oportunidade de negócio, quando o que a pessoa precisava mesmo era de um negócio para sobreviver.

Não é oportunidade nenhuma montar um restaurante, quando já há outro na mesma esquina. Fica bonito a pessoa dizer que foi à procura de um tipo de camisola e não encontrou, e que por isso fabricar aquela camisola que ela não encontrou seria uma ótima oportunidade de negócio; ou ainda, que foi comer um sanduíche e não encontrou o que queria.

Você acha que o mundo precisa de mais uma loja de roupa, de mais um açougue e de mais uma fábrica de xampu? O melhor a fazer é

PARTE III
EMPREENDER NEM SEMPRE VALE A PENA

começar a encarar que não existe espaço para todo mundo, é estatisticamente impossível. E não é só na área empreendedora.

Nem todos os cantores bons vão fazer sucesso e nem todos os jogadores bons vão fazer sucesso. Isso são probabilidades, e mesmo apesar da sua força de vontade, a matemática não conta a seu favor. A maioria dos negócios no Brasil não são empreendimentos, são empresas comuns iguais às que já existem no mercado, empurradas por empresários comuns, iguais aos que já existem no mercado, que está saturado de gente saturada.

CAPÍTULO 12

AS CONSEQUÊNCIAS DE QUEBRAR

Assim como ninguém casa para separar, ninguém empreende para quebrar. Quebrar não acontece de repente. Logo você sente e, ao prestar atenção nos indícios que sua empresa evidencia, constata que sua falência é inevitável. Mas é possível, ou melhor, é necessário preparar-se para a quebra, da mesma forma que um piloto de avião prepara os passageiros para uma queda. Você também tem a obrigação de preparar-se e de avisar àqueles que trabalham com você e dependem de sua empresa que eles devem apertar os cintos e se preparar para o impacto.

Antes de qualquer coisa, é importante frisar que você não é o primeiro e, infelizmente, não será o último a quebrar. Inúmeros empreendedores continuam com as portas abertas, simplesmente por teimosia, ou porque não conseguem, ou não têm coragem de admitir que quebraram. Afinal, é uma vergonha imensa assumir o papel de falido.

Meu caro leitor, minha dica para você é: encare a situação de frente! É preciso ter muita determinação para quebrar. Se você está com medo de admitir sua falência, procure terapia ou algum tipo de ajuda profissional, porque se manter de pé sem condições de sustentar-se é missão para super-homem. Muitos dizem que quebrar e ir para o SCPC e Serasa é como perder a virgindade. Dói, é desagradável e dá vergonha na primeira vez. Digo que isso é verdade, assim como a primeira visita do oficial de justiça à sua residência, caso você quebre.

A famosa cartinha cinza — formato de telegrama ao estilo de correspondência confidencial — todo mundo conhece e sabe que se trata da dupla dinâmica: Serasa e SCPC.

PARTE III
EMPREENDER NEM SEMPRE VALE A PENA

Do vizinho, ao síndico, passando pelo porteiro do prédio, todos sabem que você está enrolado. Mas trabalhe para que essa situação seja passageira e não rotineira na sua vida. Não perca a vergonha na cara e trate de corrigir isso. É cansativo só o pensar na complexidade que é estar na pele de alguém que quebra. Parece um vale-tudo sem fim, a gente sai de um ringue, completamente tonto e entra em mais um para apanhar novamente. O mais complicado nesse momento é aceitar que o erro foi cometido por você mesmo. Essa arte, confesso que hoje eu a domino.

Mas antes, toda vez que eu via os balancetes, olhava à minha volta — suado e pálido — para ver em quem eu poderia botar a culpa. Isso é uma prova de incompetência emocional e covardia que não combina com alguém que se aventure no empreendedorismo. Não se faça de vítima e não fique dizendo que vai fazer isso ou aquilo. Ninguém quer saber do que você fala, mas ver tudo aquilo que você vai fazer. Evite reclamar dos problemas do seu negócio. Isso só faz com que as pessoas diminuam o conceito que têm a seu respeito.

Se você encontrar uma empresa que não tenha problemas, tire uma foto e me ligue. Preste muita atenção nos sintomas clínicos da sua empresa. Como o ser humano que começa a apresentar quadro de arritmia, alteração brusca na contagem de plaquetas e instabilidade cardíaca, a empresa também apresenta seus estados de insuficiência.

Antes de você quebrar, sua empresa entrará no chamado "estado falimentar". Tal situação caracteriza-se pela instalação de irreversibilidade de alguns quadros muito importantes, como o de geração de receitas maiores do que a soma das despesas aos juros de credores.

Portanto, como há indícios e estabelecimento de parâmetros para o acompanhamento da falência de empresas, há também processos que podem orientar nesse momento. Lembre-se de Walter Shewhart, conhecido como o pai do controle estatístico da qualidade, o guru que criou as Cartas de Controle, quando ele estabelece os limites de controle dos processos.

Segundo sua teoria, havia dois elementos que estabeleciam os limites, entre os quais os resultados dos processos flutuavam: o Limite Inferior de Controle (LIC) e o Limite Superior de Controle (LSC).

AS CONSEQUÊNCIAS DE QUEBRAR

Ocorre que, quando um processo permanece por muito ou pouco tempo abaixo ou acima de tais limites, é caracterizado como instável ou fora de controle.

Dessa forma, o processo falimentar não é caracterizado por meses de resultado ruim e, sim, por uma tendência — dentro dos limites de controle — de uma sequência de "momentos" ruins, o que significa que a empresa está quebrando. Um exemplo é o caso da confecção de roupas que ao errar uma coleção ainda pode corrigir na próxima, mas errar duas coleções seguidas muito provavelmente levará ao fechamento da fábrica. Segue a máxima: "Perder uma batalha ou outra não te tira da guerra. O que te elimina belicamente é perder mais de duas batalhas seguidas".

Ainda sobre os indicadores de quebra, há a tentação de Noé (não sei se alguém já colocou esse nome para o fenômeno, caso contrário eu vou registrar), mas essa tentação é o que tem de mais primata em termos de tentativa de salvação e acontece quando você começa a colocar tudo o que encontra pela frente — boiando, afundando, derrapando, deslizando e rastejando — para dentro do seu negócio, em uma iniciativa maluca de salvar de algum jeito o negócio.

Eu fui vítima disso, quando estava indo para o buraco, e passei a vender para clientes que estavam com problemas no SCPC e Serasa. Resultado: levei um baita prejuízo. Seria melhor se eu não tivesse vendido, pelo menos era uma coisa a menos para me revoltar. Mais uma tentação é baixar o preço e fazer promoções malucas que vão prejudicá-lo, caso o negócio não venha a ser encerrado.

Quando perceber o indício de que as coisas estão degringolando, não perca seu tempo analisando a situação imaginária, invista no ativo emocional, avaliando a situação real do negócio. Se você deve mais da metade do que fatura por mês é um sinal de alerta de que tudo começa a ir muito mal. Governo, bancos e agências de crédito têm diversas formas de viabilizar a captação financeira inicial para seu negócio. Porém, ao primeiro sinal da sua quebradeira, não haverá mais uma alma viva tentando prestar qualquer socorro. É bom saber disso com antecedência.

Dados assustadores, divulgados pela Serasa Experidian, em abril de 2013, a respeito da saúde financeira dos negócios no Brasil, apontaram que as micro e pequenas empresas pioraram seus desempenhos, entre

PARTE III
EMPREENDER NEM SEMPRE VALE A PENA

março e abril daquele ano. As falências cresceram 15% e os pedidos de recuperação judicial tiveram alta de 77%. Aí eu pergunto: "cadê essa tal onda de progresso acelerado que todos andam falando?" Afirmo categoricamente, micro ou pequeno empresário, que entrar com pedido de falência ou recuperação judicial é muito mais traumático e burocrático do que fechar a empresa. Então, opte pela ação que agiliza sua vida e permite virar a página dessa história!

Essa vai para você que acredita em empresas infalíveis. Veja o exemplo de um, estabelecimento sólido como um hotel, que aparentemente não pode ser levado para nenhum outro lugar e dificilmente pode-se mudar o objeto para o qual a sua construção foi destinada. Então, podemos dizer que hotéis são inquebráveis. Pois admire-se, eu já vi estes estabelecimentos serem demolidos, cedendo o terreno para outro tipo de construção, e já vi hotéis serem transformados em várias outras coisas: prédio de apartamentos, conjunto de escritórios, bingo, Casas Bahia e, por último, edifício-garagem. Infelizmente, todos os negócios que existem demandam toda a atenção do mundo. Como diz o mineiro: "cochilou, o cachimbo cai."

Assim como existe o encerramento de uma peça de teatro ou de uma apresentação, o fim de uma empresa é tratado como o seu encerramento. E, terminar um negócio é bastante diferente daquele solo do tenor, com a entradinha sutil do oboé, já encadeado com os primeiros raios de luz que invadem a sala, convidando a plateia a deixar o recinto.

Encerramento de negócio é uma burocracia maior que abertura, é um processo trabalhoso e estressante, ainda mais quando vem acompanhado de briga entre os sócios ou dívidas com o governo e funcionários. Deixe que o escritório de contabilidade que o auxilia tome à frente do assunto e providencie o dinheiro para o encerramento já gerenciado.

Ao quebrar, tente amenizar o clima ruim que se estabelece na empresa. Não concentre todas as demissões no mesmo dia e ao mesmo tempo. Isso aumenta muito o estado de apreensão dos funcionários e a ira dos mesmos. Se você tem estoque de produtos finalizados, tire-os dali e guarde em outro local, para não ser surpreendido com a penhora deles. Verifique rigorosamente a conta no banco e encaminhe para um especialista os contratos de longo prazo. Esta tarefa permite que você

AS CONSEQUÊNCIAS DE QUEBRAR

monitore o fluxo de saída da sua conta, principalmente os automáticos, como pagamento mínimo de cartão de crédito, além de garantir um tempo maior para a compreensão das cláusulas de rompimento antecipado dos contratos.

É preciso cuidado ao se tratar uma quebradeira para não enterrar definitivamente o sonho do empresário, a razão dele levantar da cama, se aprontar e sair de casa. Empresariar é muito mais do que trabalhar em uma empresa e empreender, é muito mais do que inventar alguma coisa para fazer e tirar dinheiro dessa ideia. Precisamos lembrar que um dos destinos possíveis do nosso empreendimento é o fim, a falência. E é o mais provável. Você pode estar querendo me fazer uma pergunta e eu vou ajudá-lo a verbalizá-la. "Se meu negócio vai mal, porque eu não sei gerenciá-lo, tem como eu vendê-lo?" A resposta é sim. Porém, por qual preço?

Esse assunto também é muito controverso e ainda não existe uma fórmula clássica para fazer o levantamento de valor de um negócio. Não há fórmulas prontas, como as Leis de Newton ou o Teorema de Pitágoras. Quando não existe processo formal, o que vale é o costume. Procure entender o que os entendidos — aqueles que compram e vendem empresas — costumam fazer. O que vale, efetivamente, quando se adquire um negócio, é a capacidade que o mesmo tem de transformar o valor investido em um valor maior.

Além de analisar ponto de venda, estoque e estrutura física, a ordem é a seguinte: levantamento dos recebíveis de curto prazo, seguidos dos recebíveis de longo prazo (notas fiscais emitidas aos clientes com prazos extensos para o pagamento, cartas de crédito com datas de vencimento distantes do momento da análise) e caixa. Depois, se avalia tudo o que tem de ser pago, que são os financiamentos, empréstimos e passivos trabalhistas, caso haja.

Esse levantamento é muito importante para saber qual é o saldo mensal que sobra ao investidor, se ele fizer a capitalização do negócio. Simplificando, o negócio sem dívidas gera lucro? Se não, caso bem administrado, tem potencial de gerar lucro? Gostaria de lembrar aqui que eu ofereci minha confecção para mais de 180 possíveis interessados e só um deles se interessou. Foi justamente este que comprou a operação, e acabei tendo que aceitar um terço do valor que valia.

NINGUÉM PREVÊ O PIOR

"É comum nos homens não se preocupar, na bonança, com as tempestades". (Nicolau Maquiavel, *O Príncipe*) Digo sempre que PREVENIR É MELHOR QUE QUEBRAR.

Convido-o, caríssimo leitor, a fazer a experiência de Goldratt, em seu livro *A síndrome do palheiro*: adivinhar a média numérica no resultado de lançamentos de dado de seis lados, não viciado. Se você rolar o dado poucas vezes, não terá uma amostragem capaz de gerar uma média estatística e não conseguirá prever o número obtido. Se você tiver paciência para atirar o dado milhares de vezes, garanto, meu leitor, que o valor da média obtida será 3,5. Não se iluda a respeito de negócios. Você sabe que o resultado possível e mais provável para seu empreendimento, é a quebra. E isto não é só sinal de incompetência. É sinal de precipitação, negligência sobre os conhecimentos, ferramentas, processos e sistemas de gestão, que são imprescindíveis e precisam ser construídos e dominados com fina destreza. É como ter um filho nesse mundo desordenado e caótico e garantir que ele será doutor, empresário, professor, dentista e bem-sucedido. Não há como prever.

Muito provavelmente você já se deparou com apostadores que dizem ser a última vez que apostam, porque já perderam, no cômputo geral dos jogos malsucedidos, um carro ou até uma casa. Todavia, o que se repara é que os valores das apostas sobem em vez de parar e a expectativa aumenta em vez de se estabilizar. A consciência da finitude iminente da vida implica em tirar o lucro dela hoje e por isso os critérios de parada passam despercebidos, mesmo quando previamente estabelecidos.

Ao se negligenciar os critérios de parada de um determinado empreendimento, mesmo que pareça estar indo bem, os negócios passam a se comportar como jogos de azar. Inevitavelmente apostamos em expectativas e perspectivas fantásticas, com pouca atenção à realidade. Em meio ao caos não enxergamos uma lógica subjacente a todo o sistema dinâmico que siga condições de existência probabilísticas e de autocontinência. Dizem que um empresário antes de fazer sucesso quebra em média três vezes. Mas convenhamos, não dá para se dar a esse luxo.

AS CONSEQUÊNCIAS DE QUEBRAR

Creio que o que eles querem dizer, talvez, é que esses empresários tiveram três situações muito difíceis durante o seu percurso empresarial. Mas até afirmar que quebrou mesmo, de verdade, é outra história. Se você tem dinheiro, sugiro que invista somente 20% dos recursos ao empreender. É a mesma porcentagem que se aconselha a quem vai investir em bolsa de valores e outros produtos de risco. Quando se esgotarem os 20% tenha no plano quanto a mais está disposto a colocar no negócio. Mais 20% ou 30% no máximo, e se os 20% iniciais eram o limite, feche a empresa. Dinheiro nesse caso vai embora muito rápido. Defina isso desde o início, pois a tentação de colocar mais e mais dinheiro no negócio na esperança que dê muito retorno, é grande.

Sempre tive comigo que eu empreenderia até o limite de perder somente o que eu tivesse ganhado, como aconteceu em 2006. Acabei saindo desse limite, o que me levou a uma dívida impagável. Antes de criar a empresa, mesmo que seja naquela simples lista de prioridades, você deve estabelecer o que deverá ser feito caso tenha que fechá-la. Crie o plano F, caso as coisas não aconteçam como você previu e precise fechar a empresa. E o plano Q, caso sua empresa quebre. Mas, por favor, faça o que puder e seja esperto para que tudo pare no plano F.

Saber a hora de encerrar um negócio é tão e mais importante do que a hora de começar. "Empresas que se preparam para o pior levam a melhor em dias instáveis", afirma Jim Collins. Estabeleça também a hipótese de que, caso você ultrapasse esse limite e venha a quebrar, tomará diferentes atitudes. Quebrar não é perder tudo o que se tem. Quebrar é mais. Quebrar é sair endividado, devendo para bancos, funcionários, fornecedores, amigos, família, prestadores de serviço e impostos. Alguns saem devendo até para clientes, no caso de ter recebido antes de entregar a mercadoria. Na vida pessoal, separação de casal e afastamento dos filhos é comum. Portanto, o melhor ataque é a defesa. Previna-se para o que está por vir.

CAPÍTULO 13

CAPACIDADE EMPREENDEDORA

Levamos um tremendo balde de água fria quando percebemos que não somos imprescindíveis em nosso negócio. Tive a nítida sensação de jogar contra o patrimônio levando, dia após dia, minha empresa à falência, ao imaginar que estava acertando. Hoje, tenho a consciência de que empreender, para mim, foi o caminho mais curto para o gerenciamento e a liderança de alguma coisa. A fase de "carregar mala" aconteceu na minha vida profissional, mas foi de certa forma curta e pouco aproveitada por mim. Talvez porque eu sabia que tinha uma cama elástica, da minha mãe, caso minha aventura de empreender terminasse comigo esborrachado no chão.

Entendo, depois do meu tombo, que o cérebro no mundo corporativo não é uma estrutura que vem grátis com o negócio, como vem com o corpo humano. As corporações nascem com músculo e muita vontade, e a inteligência é um ativo conquistado a muito custo, com obediência e, infelizmente, quebradeira. Eu sempre tive muita força de vontade, mas remava por horas a fio, em uma direção imaginária, que eu entendia que levaria a mim e o meu negócio ao sucesso. Remava com qualquer instrumento, com remo feito de fibra de carbono, pedaço de madeira e papelão improvisado. Suava tanto que achava que o barco uma hora transbordaria tamanha a quantidade de líquido que o processo de combustão do meu corpo gerava. E, o que eu via? Peço licença ao grande Manuel Bandeira para dizer: "O que eu via era o beco".

Conhecimento e Capacitação

O conhecimento é o seu melhor sócio. A leitura aumenta seu repertório e é essencial na tomada de decisões e na formação do indivíduo como empreendedor, que tem de lidar com questões mais complicadas do que qualquer um pode imaginar. Já disse, mas vou repetir, se você é como alguns que eu conheço que pescam pedaços do livro para ver se vale a pena em vez de "começar do começo": empreender nem sempre vale a pena. O grau de entrega e devoção necessários para que o negócio tome um rumo é tão grande, que desanima só de pensar.

Características comportamentais como curiosidade, disposição, gostar de gente, gostar de vendas, lidar com pouco dinheiro, apetite ao risco, não reclamar e solucionar problemas são fundamentais a qualquer empreendedor.

Essas características, sem exceção de nenhuma, têm de fazer parte de você. Saiba que somente a empresa pode ser limitada, você não. Se o seu negócio é apenas dinheiro, vire caixa em uma agência bancária. O lucro, apesar de tudo, é uma consequência da dedicação ao trabalho que você realiza.

Algo importante na vida do empresário é que ele cultive o *networking*. Primeiramente, crie relacionamentos e, depois, faça negócios. Todo negócio provém de uma relação. É preciso ter um grupo de pessoas para falar sobre empresas, para trocar informações sobre clientes, para ter algum *insight* sobre estratégias.

Essa rede é o que nutre o empreendimento com sangue oxigenado e que traz o estado de prontidão ao empresário. Tais encontros com outros empresários têm um papel pedagógico bastante importante, pois eles permitem a troca de experiências, em contexto protegido, gerando um ambiente permeável e acolhedor para que as pessoas possam compartilhar suas conquistas, sucessos, dores e frustrações. Longe de mim estar à caça de um grupo de terapia com o tema: empresários malsucedidos! Mas o valor que existe em ter esse tipo de rotina, a de encontrar empresários embrenhados na difícil tarefa de empreender, é muito importante.

Ter uma formação superior é um bom começo para todo o candidato ao empreendedorismo, porém, não temos maturidade para aprender e aproveitar os conceitos que nos são transmitidos nos bancos acadêmicos, por sermos ainda muito jovens, bem como não há motivação para assimilar aquele volume de conhecimento, por não haver aplicação

Capítulo 13
CAPACIDADE EMPREENDEDORA | 107

imediata para o mesmo. Ir à faculdade passa a ser a melhor desculpa para dar um pulo no boteco, para tomar cerveja e jogar conversa fora. Mas também é na graduação que começamos a identificar se o jovem tem vocação ou não para negócios. Pode-se começar a estagiar em uma empresa, ou trabalhar fora do horário de aula, independente de precisar ou não do dinheiro para as contas do mês. Isso é iniciativa.

Há, hoje, devido à dificuldade de manter os alunos por longos anos nas faculdades e, graças aos empreendedores que perceberam esta importante lacuna no mercado de formação profissional, cursos mais curtos que entregam o conhecimento necessário para sua demanda atual. Acrescente a prática a tudo isso e seu aprendizado será bem mais completo e preenchido.

Mas como eu digo, aprenda antes com o dinheiro dos outros, na empresa dos outros. Não concebo a história de que é possível alguém querer empreender sem saber absolutamente nada de negócios. Tudo bem que ninguém tem que saber tudo, mas tem que saber quase tudo de onde quer "se meter", por isso vá à busca de conhecer quem sabe. Não saber e não conhecer quem sabe implica em negligenciar seu empreendimento, deixá-lo à deriva e à própria sorte.

O ponto forte está na capacidade empreendedora que juntamente com vocação e tino empresarial determinam o quão longe você irá empreendendo. Acrescentando a isso, aprofunde-se mais em casos de fracassos e erros cruciais do que em casos de sucesso. Você se tornará um empresário mais coerente, pois se aprende mais errando do que acertando. Para economizar dinheiro e tempo, estude os erros e fracassos dos outros, iguais aos meus, por exemplo, e verá o quão é barato este livro.

Empreender exige um conhecimento amplo e vários conhecimentos específicos. Atenha-se ao fato de que empreender é sempre igual, mas cada setor tem suas peculiaridades. Uma padaria é diferente de uma indústria de prego, a começar pelos produtos, um é perecível e o outro não. Foque os conhecimentos específicos na área em que vai atuar. Pense global, mas haja local.

Matemática para negócios é uma ferramenta fundamental ao empresário. E digo isso, porque eu não tinha. Pilotava basicamente uma calculadora e planilhas de cálculos, mas não tinha destreza necessária

PARTE III
EMPREENDER NEM SEMPRE VALE A PENA

para as operações que eu executava. Eu via os números e os entendia de forma embaralhada devido ao meu otimismo, o que não me deixava ver de forma precisa o suficiente para materializar as representações numéricas em algo concreto.

Minha matemática era meu otimismo. Eu pensava: por que comprar 10 se podemos comprar 20 para fazermos mais e faturarmos mais? Mas não me lembrava de tudo que acarreta comprar mais, fazer mais e faturar mais. Estruturas físicas e emocionais são duas delas.

Em negócios, você vai logo perceber que existe uma série de dados parametrizados, que servem para o empresário ou gestor de negócios se basearem quando vão fazer uma análise preliminar. Existem os *guesstmatings*, ou *olhômetros* que são algoritmos para avaliação de negócios baseados, quase que exclusivamente em hipóteses adotadas por quem vai fazer a análise.

Diversos estudos de caso de negócios começam com uma estimativa conjectural, principalmente quando você está interessado em encontrar um valor aproximado, que servirá para fazer uma dedução. Se você é dono de uma distribuidora de bebidas, por exemplo, e percebe o surgimento de diversos bares e restaurantes nas suas redondezas, passa a imaginar que pode ampliar seu negócio para atender a tal demanda suplementar.

Então, a análise preliminar deve considerar a quantidade de bebida consumida por cada cliente e a quantidade de clientes de cada estabelecimento novo. Com isso, você tem uma previsão de qual é sua expectativa de venda adicional, bem como o tamanho da expansão necessária do seu galpão, para acomodar a quantidade excedente de vasilhames e caixas.

Tudo isso apenas me dizia que eu tinha muito músculo e coragem. Em contraponto, por causa da emoção que me guiava, deixei de pôr em prática minha inteligência corporativa e minha capacidade empreendedora. É a inteligência que permite estudar as principais restrições e efeitos indesejáveis que encontraremos na nossa trajetória empresarial.

É ter condições e ferramentas de raciocínio ergonômicas, que possam ser usadas nos momentos de tomada de decisão rápida e sob uma considerável carga de tensão. Facilita nosso senso de localização e nos norteia, mais precisamente, para a proa do sucesso e da clareza, ao se avaliar condições e ponderar dentre rumos possíveis. Aceitei, assim, que eu era como um halterofilista, cheio de força de vontade, carregando pesos desnecessários na arte de empreender.

Percebi que para que um empreendedor tenha sucesso em seus negócios ele necessita que cada funcionário da empresa se sinta um empreendedor, mesmo que de si mesmo. O patrão deve criar o espaço e a situação para que seu funcionário possa empreender em sua função, respeitando suas obrigações, seus direitos e seus deveres. Por que nunca pensamos em empreender primeiro como funcionários? É a melhor empresa para montar no mundo, pois você empreende com o dinheiro dos outros. Seu salário será pago com a empresa indo bem ou mal. O risco do negócio dar certo ou não, não é seu. Aprenda com os erros dos outros, aprenda com os meus aqui, já que você comprou o livro. Reflita sobre tudo o que venho alertando exaustivamente, durante toda obra.

MUITOS EMPRESÁRIOS TAMBÉM JÁ FORAM FUNCIONÁRIOS

Antes de casar, você namora a pessoa amada para conhecê-la melhor e vê se é ela mesma que você deve escolher. No empreendedorismo, faça o mesmo, namore o tipo de empresa que quer montar. Se for montar uma padaria, procure saber tudo sobre padaria, desde a arquitetura mais atraente, até o que fazer com as sobras de pãezinhos franceses.

Não se esqueça que vai ter que aguentar mendigos e bêbados que ficam na frente de padarias iguais a moscas em cima de bolo. Isso é aprender a empreender, com base nos conhecimentos específicos. Há um vale — alguns chamam de "a parte debaixo da curva da banheira" — na curva de desenvolvimento de um negócio, durante o qual o empresário muitas vezes nem tem carro, vive a duras penas, mora do jeito que dá e se veste com o que tem.

Empresários de destaque foram funcionários de destaque que optaram pelo caminho do empreendedorismo, principalmente por descobrirem essa vocação e terem se munido de conhecimento teórico e prático de suas competências. Mas, entendem que, a partir do momento que fazem essa escolha, precisam querê-la com todas as suas forças, a ponto de não mais reconhecer que têm escolhas. Você entende o que eu quero dizer?

Os grandes empresários, a maioria deles, teriam capacidade técnica e emocional para ascender às posições mais almejadas do organograma das empresas consolidadas, mas não escolhem esse caminho e desfrutam da oportunidade de encontrar, dentro de seu projeto profissional, os motivos que os fizeram criar uma realidade, em uma nova organização. Essa seria capaz de retribuir seu sacrifício com dinheiro, clientes satisfeitos e uma nova cultura corporativa. Se você não for um bom funcionário, será ainda pior como empreendedor.

É comum o empreendedor, ao criar uma empresa, continuar no mesmo serviço que fazia como funcionário. Isso só dá certo por um tempo determinado, sob o risco de ficar sem emprego e sem empresa. No começo é até válida essa alternativa. Deixar para tirar o pezinho de onde está dando certo, mais tarde, pode ser uma boa alternativa, mas seja honesto com o seu empregador. Combine com ele. É melhor do que ele descobrir pelos outros. Percebo hoje o peso das palavras de um conhecido meu, quando dizia: "Em negócios, não tem ninguém com calça 20", não é lugar para crianças. Perfeito! Empreender, na atualidade, é assunto para gente preparada, motivada, dotada e treinada em condições duríssimas de sobrevivência. Não há espaço para amadores e praticantes juvenis da arte de empreender.

E digo novamente que empreender não é o único caminho para a fortuna, visibilidade pessoal e destaque profissional. Ser funcionário e se empenhar em construir uma carreira de sucesso em uma organização também é um caminho possível. Ainda mais hoje, quando o Brasil consegue oferecer posições para todo profissional que se interesse em trabalhar e produzir. Usar do expediente de ser um bom funcionário é um sinal de inteligência e praticidade na vida.

CAPÍTULO 14

AFINAL, QUAL O PROBLEMA DE SER FUNCIONÁRIO?

É a velha história: a ave quer nadar e o peixe quer voar. Estamos sempre insatisfeitos e não nos contentamos com o que somos. O que nós nos tornamos é o fruto dos caminhos escolhidos por nós mesmos. Funcionários acreditam mais na ideia equivocada de que trabalham para enriquecer, o patrão na ideia de que trabalham para garantir o seu salário. O significado do trabalho é fazer a diferença na vida das pessoas, diminuir sofrimentos ou aumentar seus prazeres.

Eu acredito sim, que exista esperança na funcionarilidade.

Eu sempre digo que é melhor ser funcionário do que ser triste. Você concorda? Ter seu nome estampado nas caixinhas, mais acima dos organogramas das empresas, principalmente das maiores, não deixa de ser excelente. Não sei bem ao certo, mas acredito que chegar lá deva ser tão difícil quanto empreender. Ainda acredito que é melhor ser rabo de leão que cabeça de lagartixa.

Para crescer nas organizações, é necessário resiliência, competência, *networking* e o acaso a seu favor. Mas o conhecimento que se ganha ao trabalhar em hierarquias é grandioso. É bom trabalhar em uma empresa que tem plano de trabalho, chefia, as diretrizes da organização tem toda a cartilha de comportamentos favoráveis e reprováveis para seguir. Pretendo, neste capítulo, começar a entusiasmá-lo a empreender, contudo, em uma nova categoria: empreender na sua própria carreira profissional em uma empresa.

PARTE III
EMPREENDER NEM SEMPRE VALE A PENA

> Sejam empreendedores nos seus empregos. Ao empreender em sua carreira, você tem a chance de ser tão valorizado que talvez até desista da ideia de empreender e verá que a melhor coisa do mundo é empreender na empresa dos outros.

Nunca a situação do emprego no Brasil foi tão favorável. Desde a segunda metade de 2008, temos a taxa de desemprego posicionada em um dígito. Em agosto de 2013, as pesquisas feitas pelas instituições mais respeitadas apontam a taxa de desemprego formal do Brasil em 5,8%, o que indica a situação conhecida como pleno emprego. Uma das constatações automáticas, oriundas dessa situação do mercado de trabalho, é que agora é hora de ser o melhor funcionário, se é que você me entende. O maior ativo de uma empresa hoje são as pessoas.

Há uma nítida diferença entre trabalhar sendo empresário e trabalhar como funcionário. No primeiro caso, você trabalha, paga todo mundo e se paga quando der. A sensação predominante é que pode ser que um dia você consiga voltar a comprar novamente e adquirir uma situação de melhor qualidade de vida. Sendo um funcionário, recebe um valor financeiro em troca daquilo que faz em suas horas úteis de vida. A dúvida que aparece é a seguinte: como fazer para agregar mais valor à sua hora de trabalho? O que você pode fazer para escalar o organograma da empresa e se ver despontando nas proximidades do Diretor Presidente ou simplesmente aumentar sua comissão?

Saber que o dinheiro estará na conta, na data prevista, gera uma sensação de plenitude indescritível. O funcionário mira em suas metas pessoais e consegue fazer compromissos de médio prazo como um consórcio ou a prestação de uma TV, coisa que eu nunca consegui. Sempre tive que parar no meio. Ser funcionário gera uma segurança que acaba sendo mais compensadora e vantajosa do que a de patrão. Mas vamos colocar mais perspectiva aí. Empreenda na sua carreira e verá sua vida se transformar para melhor. Ser funcionário também compensa quando se está em uma empresa pequena, que inicia a montagem de seus processos gerenciais, em um setor aquecido e com gestores de boa formação, você pode crescer juntamente à firma.

Capítulo 14
AFINAL, QUAL O PROBLEMA DE SER FUNCIONÁRIO?

Se você ama ser funcionário, já passou pela sua cabeça ser um funcionário público. É a vida que todo mundo pediu aos céus. Trabalhar pouco, ganhar bem e ter estabilidade. Você já viu algum funcionário público largando o cargo para empreender? Se souber de algum, tire uma foto e me ligue. Para conseguir tal posto é necessário passar por baterias e mais baterias de estudos, uma infinidade de conhecimento que não se aplica na vida real e tentar superar um batalhão de candidatos que querem o mesmo que você. Porém é só, depois de entrar, basta se acomodar como os outros e seguir seu rumo, mas não deixa de ser uma opção. Ou estude para ser um profissional liberal e seguir carreira, empreendendo nela também, claro.

Você que está sempre atrás de um bom emprego, é melhor se capacitar para que o bom emprego corra atrás de você. Esta frase encaixa aqui: "Quem mandou não estudar?". Provavelmente, você já deve estar cansado de ouvi-la. Para ser funcionário também é preciso estudar. Como atender um cliente, se você não sabe falar corretamente? Ou não sabe interpretar uma reclamação? "A educação só faz diferença no salário e na carreira do profissional quando é de boa qualidade. Isso explica por que muitos formados em cursos superiores ganham menos do que bons técnicos formados nas escolas técnicas de alta reputação". (José Pastore, Correio Braziliense, 2012).

Está provado que quanto maior seu nível de educação escolar, maior será sua renda. Estude e capacite-se. Aproveite essa carência de mercado e ocupe esses lugares. Hoje, a maior dificuldade dos empresários está em encontrar funcionários qualificados. Seja um deles. Há empresários que dariam o sangue para ter bons funcionários e, se você for bom, vocês se encontrarão. Mas não se esqueça de levar o currículo. O problema é tão sério que se tornou a maior dificuldade das empresas, maior até do que a carga tributária. Onde estão os institutos que estimulam e incentivam a pessoa a se tornar um funcionário?

Isso deveria existir tanto quanto existe o SEBRAE para fomentar as empresas. Os sindicatos acabaram se desvirtuando da sua função, cuidando apenas dos direitos dos funcionários e se esquecendo de falar dos deveres e da necessidade de capacitação. Criou-se o mito de que o empresário é o vilão, explorador e ruim com seus funcionários. Essa figura até existe, assim também como há o funcionário ruim e folgado.

PARTE III
EMPREENDER NEM SEMPRE VALE A PENA

Não seja uma armadilha para a empresa na qual você trabalha. Valorize-se, sorria. Um funcionário sem graça nunca passará daquilo que ele mostra ser, pequeno e vazio. Ao querer prejudicar a empresa, não pensa que os maiores prejudicados são os colegas e ele próprio.

SE VOCÊ ACHA QUE VAI GANHAR MUITO MAIS SENDO PATRÃO, LEIA ISSO.

Pesquisa feita pela Endeavor, 2013 sugere que o empreendedor possui, em geral, renda média 35% superior à do brasileiro não empreendedor, porém a renda familiar é praticamente a mesma entre os dois grupos. Vamos analisar com calma. Seguem os números: a renda média pessoal do empreendedor é de R$1.140,85 e a do não empreendedor é de R$723,11, enquanto a renda familiar do empreendedor é de R$1.798,48 e do não empreendedor é de R$1.774,40. Você acreditava que o empresário ganhava bem mais, não é mesmo?

Na maioria das empresas micro e pequenas trabalham a esposa, o marido e muitas vezes os filhos para ajudar no batente e reduzir despesas. Podemos chegar à conclusão de que é melhor cada um ter o seu emprego a arriscar o nome e a poupança em um empreendimento. E mais um dado para você ficar feliz no seu emprego: apenas 4% dos brasileiros são empresários que têm funcionários. SOMENTE 4% TÊM UM OU MAIS FUNCIONÁRIOS. O restante é formado por autônomos e trabalhadores individuais.

É comum o funcionário achar que está desperdiçando seu potencial. Relaxe, concentre-se no que você é e em onde está, não pense no que poderia ser. Isso é autossabotagem. Seja um ótimo funcionário e as portas se abrirão. Um excelente funcionário nunca passa despercebido. Conselho: siga uma carreira, durma à noite, passeie no final de semana, curta suas férias e seu décimo terceiro salário.

Não se iluda com as notícias que você lê e ouve pelos cantos. Ser empreendedor fará você sentir saudade de ter patrão. A realidade é bem mais dura do que se imagina, bem mais. Precisamos resgatar a cultura de quando nossos pais diziam para nós estudarmos bastante, para podermos seguir uma bela carreira de sucesso quando crescermos. Porém, não devemos esperar que apenas a escola cumpra o seu papel. É preciso ensinar aos filhos o valor do dinheiro, como administrá-lo e como fazer com que ele renda. A mesada é um bom começo.

Também é preciso acrescentar a matéria empreendedorismo desde o ensino fundamental, pois as crianças aprendem o que lhes é ensinado, enquanto os adultos aprendem somente o que querem aprender e esteja de acordo com a sua capacidade. O assunto empreendedorismo deve abordar principalmente os pontos negativos e perigosos para que não se criem ilusões e falsos sonhos na cabeça das crianças. As aulas devem ser cuidadas para que a palavra empreendedorismo seja abrangente para qualquer carreira que a criança ou o jovem desejar seguir, respeitando a sua vocação e talento.

CONCLUSÃO

O SOL NASCE PARA TODOS, MAS A SOMBRA É PARA POUCOS

Meu leitor amigo, bem longe de mim está o desejo de desestimulá-lo ou tolher sua liberdade de optar pelo caminho do empreendedorismo. Eu bem sei que muitas pessoas que lerem este livro vão rir de mim, por minha ingenuidade ao tentar empreender com excesso de otimismo, sonhos e muita paixão para dar. Meu desejo é que você conheça, de antemão, o que pode acontecer com você, caso precise mudar o rumo de sua carta de navegação e tenha tempo hábil de desviar dos novos obstáculos, retomar sua rota original e ser capaz de vencer a prova. Eu não tive a chance de saber que é assim, que muita coisa acontece e acho que seria muito interessante que o curso de Administração começasse com uma disciplina deste tipo: Os erros e os fracassos no empreendedorismo. Garanto que muitos mudariam de ideia de ser empresários.

> O mito de que a única maneira de se fazer fortuna é por meio do empreendedorismo tem feito muito mais vítimas que ricos. Se ganhar dinheiro fosse fácil, haveria muito mais ricos do que pobres e miseráveis. Milhares de formas de se obter sucesso são possíveis, desde que se trabalhe com afinco e capricho, obedecendo às diretrizes sobre as quais discutimos veementemente neste livro.

Falando nisso, já chegando ao fim do nosso encontro, gostaria de citar algo que li tempos atrás sobre felicidade, juventude, sonhos, competência e incompetência. Trata-se de uma crônica bastante pertinente para a ocasião e para o nível de entrosamento que tecemos nessa jornada de, Eliana Brum — famosa jornalista, escritora e documentarista. Ela escreveu, em sua obra *Meu filho, você não merece nada*, um trecho que considero leitura obrigatória, especialmente para aqueles que querem ser empresários, donos de negócio e empreendedores.

Ela diz: "Ao conviver com os bem mais jovens, com aqueles que se tornaram adultos há pouco e com aqueles que estão tateando para virar gente grande, percebo que estamos diante da geração mais preparada— e, ao mesmo tempo, da mais despreparada. Preparada do ponto de vista das habilidades, despreparada porque não sabe lidar com as frustrações. Preparada porque é capaz de usar as ferramentas de tecnologia, despreparada porque despreza o esforço. Preparada porque conhece o mundo em viagens protegidas, despreparada porque desconhece a fragilidade da matéria da vida. E por tudo isso sofre, sofre muito, porque foi ensinada a acreditar que nasceu com o patrimônio da felicidade. E não foi ensinada a criar a partir da dor."

Não me acuse de pessimista. Garanto que nenhum ex-empresário, ou empresário quebrado vai discordar de mim. Jornalistas, empresários herdeiros, empresários de sucesso ou abelhudos, vão afirmar que sou louco. Empreender é trafegar por uma estrada esburacada, lamacenta e bifurcada de fora a fora, todo dia, o dia todo, sendo convidado a escolher o caminho a seguir: para a esquerda ou para a direita. Não há milagres.

Se fosse para eu encabeçar uma passeata, o mote seria o seguinte: Chega de gente mais ou menos, pois o mundo não é dos mais ou menos. Ou persevera ou não, e eu não acredito que exista alguma forma de ser diferente. Eu seria, com toda a certeza, o defensor de um código de defesa do empreendedor. Logo de início, eu diria que o empreendedor não tem proteção legal contra quem ele tem que lidar e nem a garantia de que tudo o que fizer vai dar certo; ele tem que se provar o tempo todo. Nem a justiça nem a Lei de Murphy estão do lado do empresário, mas, sim, do lado de todos os que o cercam.

Sabemos que para fazer um empreendimento durar, é necessário que se faça o óbvio, como já dizia o nosso saudoso comandante Rolim, da TAM. Porém, o mais difícil de se fazer é o óbvio. Você tem que estudar e analisar profundamente o mercado no qual vai atuar:

óbvio. Você tem que atender bem os seus clientes: óbvio. Você tem que comprar bem para ter lucro: óbvio. Você tem que contratar bons funcionários: óbvio. Tem que ter dinheiro em caixa: óbvio. Repare nisso e veja o quanto é simples e ao mesmo tempo o quanto é difícil pôr o óbvio em prática.

Se você me perguntar onde eu errei, digo que foi uma sucessão de decisões erradas durante todo o percurso e, dentre elas, algumas cruciais a que nenhum negócio consegue resistir. Os erros estão em categoria real, como estoque elevado e empréstimos bancários; e categoria emocional, como otimismo e persistência. Essas categorias estão intimamente ligadas, mas só a emocional respinga na real. Por isso resolvi escrever este livro, tamanha foi minha decepção com os meus erros e as minhas ilusões. Espero que sirva para que você pare de ser enganado e de se autoenganar, perdendo seu rico dinheirinho e sua paz interior.

Voltando à máxima: *avô rico, filho nobre, neto pobre*, espero que o ciclo continue e meu filho seja o avô da próxima geração e que seus filhos e netos tenham a capacidade de continuar o seu quinhão.

Desejo do fundo do meu coração que a probabilidade do acaso esteja estatisticamente a seu favor. Alguns dariam o nome de boa sorte. Até a próxima!

Toda a renda desse livro será
doada ao banco e aos credores dos
quais eu sou o devedor.

OBRIGADO

ÍNDICE

A

acordo 58
administração x
administrar 5
agiota 59
amigo 92
armadilha 48
atacado 6
atendimento 46
autoajuda 91

B

banco 3
burocracia 64

C

calote 54
capacitação 106
capital de giro 42
carreira 53
cheque 3
comercial 12
comércio 25
compra x
confusão 5
conhecimento 106

consultoria 14
contratar 81
contrato 62
crédito 58
credor 57

D

débito 58
depressão 5
devedor 54
difícil 65
dificuldade 14
dinheiro 21
dívida x

E

economia 26
educação 113
empreender 12
emprego xi
empréstimo 9
esperança 85
estabelecimento 79
estatística 102
estratégia 47
exceção 59
execução 22

F

fácil 65
falência 9
família 73
financeiro 40
financiamento 13
fornecedor 19
fracasso 5
freelance 6
funcionarilidade 85
funcionário 70

G

ganhar 4
governo 48

H

hotel 100

I

ideia 92
ilusão 7
imposto 52
inadimplente 19
inovação 44
investimento 5

J

juros 13

L

leão 52
legalidade 48
literatura xiii
loteria 18
lucro 13

M

marca 4
mercado 112
mídia 11
moda 11
motivação 53

N

necessidade 95
negociação 23
negócio 12
network 106

O

obrigação 97
oportunidade 95
otimista 11

P

pagamento 49
patrão 77
perda 23
perder 31
perigo 35
persistir 9
pessimista 118
planejamento 37
politicamente correto xvi
prática 107
prazo 112
preço 13
prejuízo 13
prestação de serviço 18
problema 19, 41, 106
processo 20
produção 27
produto 13
profissional 113
projeto xi

Q

quebrar 17

R

regra 72
relacionamento 62

representante 6

risco 30, 51

S

salário 76
serviço 45
solução xi
sonho 91
sorte 93

T

tarja preta xvii
tempo 15
teoria 98
terceirização 86
trabalhar 3
tributo 65

V

varejo 4
venda 5
vendedor 22
vontade xi, 95

Este livro foi impresso nas oficinas gráficas da Editora Vozes Ltda.,
Rua Frei Luís, 100 – Petrópolis, RJ.